미식가를 위한

일본어 안내서

여행처럼 즐기는

음식 일본어 풀코스

미식가를 위한

일본어 안내서

어디에 있든, 어디를 걷든

음식과 만나는 순간
나의 여행은 시작됩니다.

이랏샤이마세!

어서 오세요!

いらっしゃいませ!!!
いらっしゃいませ!!!

Prologue

0

상상 여행을 시작합니다

아, 아, 마이크 체크.
책으로 떠나는 미식 여행 항공기에 탑승하신 여러분
안녕하십니까.
여러분을 상상의 맛집까지 안전하게 모실 기장입니다.

어느 때보다 진심으로 서로의 '안녕'을 묻게 되는 요즘. 여러분의 일상은 안녕하신가요?
두근거리는 마음으로 봄을 기다리던 겨울 어느 날 느닷없이 찾아온 불청객에 봄, 여름, 가을과의 스침조차 없이 다시 겨울을 맞닥뜨린 것만 같은 낯설고 이상한 시간들입니다.

'내일은 뭘 먹지? 어디에 가볼까?' 꼼지락꼼지락 이불 속에 들어가 잠들 때까지 싱글거리며 스스로에게 묻던 질문들이 어느 날부터인가 '내일은 뭘 할 수 있을까?'라는 소심한 물음으로 바뀌고 말았죠. 언제든 떠날 수 있게 방 한구석에 놓아두었던 빨간 캐리어는 옷장 깊숙이 갇혀버렸고, 여행지에서의 맛있는 한 끼를 위해 소박하게 채워가던 여행 통장은 애물단지 종이 뭉텅이가 되어 서랍 속을 굴러다녔습니다. 덩달아 제 마음도 벽장에 갇혀 먼지가 쌓이기 시작했죠. 우리 모두가 그랬듯이요.

벽장 속에 웅크리고 앉아 투덜대고 있을 때, 발끝에 기억의 뭉치 하나가 굴러왔습니다. 지난 여행에서 찍었던 사진과 기차표, 추억 놀이를 위해 꼬박꼬박 모아두었던 맛집의 영수증, 현지인들 틈에서 시간을 보냈던 전시회와 공연장의 티켓들… 그 기억들을 멍하니 되짚어보고 있자니 제 최고의 장기이자 취미였던 '그것'이 슬슬 시동을 걸더군요. 학창 시절의 수업 시간에도, 몇 시간씩 이어지던 릴레이 회의 중에도, 꽉 막힌 도로 위의 버스 안에서도 마음껏 다른 공간과 시간을 누비게 해주던 그것. 그래, '상상은 나의 힘'이었지!

방구석만 뒹굴던 저는 뜬금없이 상상 여행을 시작했습니다. 팝콘같이 하얗고 복슬복슬한 벚꽃이 날리는 메구로 강가에서 시원한 생맥주를 마시는 모습, 산겐자야의 허름한 뒷골목에서 어깨가 닿을 듯 쪼르르 앉아 야키토리를 나눠 먹는 우리들, 이마에 수건을 동여매고 땀을 뻘뻘 흘리며 라멘을 끓여주는 아저씨가 있는 후쿠오카의 포장마차와 쌉쌀한 말차 아이스크림을 먹으며 거니는 고즈넉한 교토의 골목 등을 떠올렸죠.

그러면서, '아무도 필요로 하지 않을 거야'라는 생각에 잊고 지내던 이 책의 원고를 다시금 만지작거리기 시작했습니다. 저처럼 작은 방안에서 여행을 떠나고 싶어하는 누군가, 하늘길이 열릴 날을 기다리며 미식 여행을 위한 몸풀기를 하고자 하는 누군가가 있을지도 모른다는 기대를 하면서요.

처음에 이 책은 소심한 미식 원정대를 위한 '소박한 안내서'이자 '최소한의 단어장'을 목표로 만들어졌습니다. 해시태그가 붙은 유명 레스토랑, 블로그에서 보던 메뉴만을 답습하는 '맛집 아바타 여행'에 흥미가 없는, 현지의 맛을 직접 경험하며 자신만의 일본 맛집 지도를 만들고 싶어하는 미식가 여러분께 작은 도움이 되었으면 했죠. 내 발길이 닿는 곳에서, 내 호기심을 자극하는 식당을 찾아, 그날의 기분에 맞는 메뉴를 맛보고 싶지만 낯선 분위기에 왠지 모르게 위축되는 경험을 누구나 한 번쯤 하게 되잖아요.

그리고 많은 것이 변한 지금, '방안에서 떠나는 일식 여행기' 이자 '미래의 미식 원정을 위한 준비운동서'가 될 수 있도록 이 책을 준비했습니다. 물론, 진짜로 여행을 떠나 현지의 맛을 즐기는 날이 온다면 더할 나위가 없겠죠(그때가 되면 그저 맛있는 여행의 친구로 이 책을 데려가주세요).

그날이 오기 전까지는 '일식의 내공을 높여주는 참고서'로 써주셔도 좋겠네요. 내가 좋아하는 이자카야의 술안주가 왜 그런 이름을 갖게 됐는지, 고급 일식집에서 내어주던 그 생선의 정체가 뭐였는지, 내 입맛에 맞는 사케를 어떻게 고르면 좋을지… 이런저런 맛있는 힌트를 얻게 될지도 모르잖아요.

상상 여행을 선택하신 분들도, 현실에서 떠날 준비를 하는 분들도 모두모두 환영입니다. 한국에서 좀 더 깊이 있는 일식 탐방을 하는 데 도움이 된다면 그 또한 멋질 거예요.

그럼 이제, 마음속 캐리어와 여행 통장의 먼지를 탈탈 털어내고 맛있는 상상 여행을 함께 떠나볼까요? 이 책을 읽는 동안은 현실의 제약이나 막막하기만 한 기다림 따위는 잠시 잊어도 좋습니다. 우린 지금 가벼운 차림, 자유로운 마음으로 여행길에 오르는 거니까요. 미식 여행의 티켓은 이미 여러분 손에 있습니다. 튼튼한 위장과 들뜬 마음도 잊지 않고 챙기셨죠?

첫 장을 펴는 순간,

우리가 한때 만끽했던, 그리고 기대 속에 꿈꾸고 있는 여행이 시작됩니다.

자, 이제 책날개를 쫙 펴고!

설레는 미식 원정을 위해, 우리 비행기 출발합니다.

일러두기

☞ 일본어 발음은 '외래어 표기법'보다는 실제 소리를 바탕으로 적었습니다.

☞ 일부 단어나 문장의 발음 표기가 글자 다이어리의 발음과 미세하게 다를 수 있습니다. (예: か → 까/카, む→므/무, ぱ→파/빠 등) 해당 표현을 말할 때 현지인들의 실제 발음을 살린 것이니 참고해주세요.

☞ 우리말 발음표기에 '-'가 나오면 '장음 표시'이므로 그 부분을 길게 소리 내어주세요.

☞ 본문 중 빨간색으로 표기된 글자는 강조할 점이나 내가 듣게 될 키워드를, 파란색으로 표기된 글자는 내가 말할 때 사용할 키워드를 표시한 것입니다.

☞ 일본어 단어 앞에 (お) 글자가 있으면 (오)로 발음되는 소리가 붙기도 안 붙기도 한다는 뜻입니다. 주로 정중한 표현을 위해 덧붙이지만 습관적, 관용적으로 사용되는 경우도 많습니다.

☞ 기본적으로 일본어 문장에는 띄어쓰기가 없습니다. 다만, 본문 중 일본어 원문을 표시하는 경우에는 독자의 편의를 위해 의미 단위로 띄어쓰기를 했습니다.

이 책의 사용법

☞ **일본어라고는 글자 한 자도 모르신다고요?** 괜찮습니다. 책의 처음에 나오는 〈Ready 1. 일본 글자 다이어리〉를 먼저 살펴보세요. 일본어 글자는 히라가나와 가타카나, 두 가지인데요. 이 둘을 한눈에 볼 수 있도록 정리해놓았습니다. 예로 든 단어들도 모두 '미식 여행'에 도움이 될 만한 것들만 골랐으니 열심히 외우지 않고 눈으로 훑어보기만 해도 도움이 되실 거예요. (이번 기회에 일본어를 조금 배워볼까, 하는 분은 노트에 따라 쓰며 글자부터 익히셔도 좋아요. 어디서 일본어를 시작하셔도 첫 과정은 글자 익히기랍니다.)

☞ **언젠가는 일본 여행을 가실지도 모르는 분들을 위해** 〈Ready 3. 이것만 써도 OK, 마법의 일본어 세 문장〉이 준비되어 있습니다. 딱 세 개의 문장으로 웬만한 상황들을 두루 커버하는 마법을 만나보세요.

☞ **"난 음식 주문도 일본어로 해보고 싶어!"** 하시는 분을 위해 〈Ready 5. 이것이 0레벨의 식당 회화입니다〉를 마련했습니다. 식당에 들어가는 순간부터 음식이 나오기까지 9장면을 시뮬레이션으로 구성했어요. 특히, 빨간색으로 표시된 '키워드'들을 눈여겨봐두시면 점원들이 쏟아내는 말을 눈치껏 알아듣는 데 꽤 도움이 될 거예요.

☞ **일본 현지 식당에 가보면** 한글이나 영어가 전혀 없는 메뉴판도 종종 있습니다. 언젠가의 여행에서 당황하시지 않도록, 〈Ready 6. 힌트만 알아도 메뉴판이 보여요〉에서 메뉴판을 눈치껏 읽는 열 가지 팁을 정리했습니다.

☞ **이 책의 하이라이트는 〈Part 2〉입니다.** 스시와 라멘부터 술집과 편의점까지, 미식 여행가 여러분이 사랑하는 메뉴들을 알아보기 쉽게 총정리했어요. 들고 다니는 미니 사전처럼 활용해보세요. 평소에 일본어에 흥미가 있었다면 이 맛있는 단어들로 공부를 하셔도 좋습니다.

Prologue 상상 여행을 시작합니다

Part 1

Ready 여행자를 위한 일본어 준비물

Ready 1. 일본 글자 다이어리 21
Ready 2. 0레벨이어도 괜찮습니다 42
Ready 3. 이것만 써도 OK, 마법의 일본어 세 문장 46
Ready 4. 미식 여행가를 위한 열 가지 상식 51
Ready 5. 이것이 0레벨의 식당 회화입니다 :
입장에서 주문까지 9장면 시뮬레이션 58
Scene 1. 입장 60
Scene 2. 인원 확인 61
Scene 3. 자리가 없을 때 64
Scene 4. 흡연 여부 67
Scene 5. 자리 안내 69
Scene 6. 메뉴 확인 70
Scene 7. 주문 71
Scene 8. 서빙 75
Scene 9. 식사 시작! 77
Ready 6. 힌트만 알아도 메뉴판이 보여요 78
Hint 1. 메뉴판에서 제일 먼저 찾아볼 키워드 79
Hint 2. 메뉴판 필수 용어 82
Hint 3. 음식명에 붙는 조리 용어 85
Hint 4. 소스와 양념 87

Hint 5. 재료 읽기 : 육류 89
Hint 6. 재료 읽기 : 해산물 90
Hint 7. 재료 읽기 : 채소 92
Hint 8. 재료 읽기 : 과일 94
Hint 9. 재료 읽기 : 그 밖의 재료들 96
Hint 10. 먹을 때 필요한 도구들 98

Part 2

Go 지금 먹으러 갑니다

Go 1. 스시 먹으러 갑니다 103
Go 2. 라멘 먹으러 갑니다 113
Go 3. 소바 먹으러 갑니다 120
Go 4. 우동 먹으러 갑니다 126
Go 5. 돈부리 먹으러 갑니다 132
Go 6. 정식 먹으러 갑니다 137
Go 7. 일본식 라이스 먹으러 갑니다 141
Go 8. 패밀리 레스토랑에 갑니다 146
Go 9. 야키니쿠 먹으러 갑니다 151
Go 10. 이자카야에 갑니다 158
Go 11. 야키토리 먹으러 갑니다 171
Go 12. 오코노미야키 & 몬자야키 먹으러 갑니다 177
Go 13. 카페에 갑니다 184
Go 14. 빵 & 디저트 먹으러 갑니다 192
Go 15. 편의점에 갑니다 199

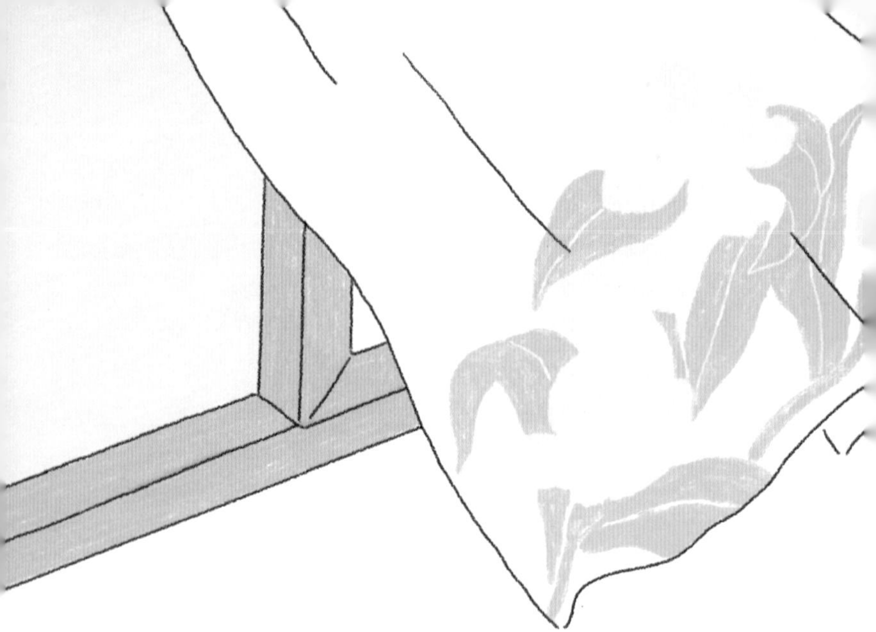

Part 1

Ready

여행자를 위한
일본어 준비물

잠깐만요, 미식 원정대 여러분!

벌써부터 우리의 마음은 맛집 앞을 서성대고 있지만 여행에는 절차가 있는 법, 먼저 간단한 일본어 상식을 익히며 몸풀기를 해볼까요?

맛있는 음식을 만나기 위해 일본어를 마스터한다는 건 배보다 배꼽이 더 큰 일이지만, 원하는 순간에 먹고 싶은 음식을 즐기려면 간판과 메뉴의 정체는 어느 정도 파악하는 것이 좋잖아요.

글자를 외우기 힘들면 눈으로 몇 번 읽어보고, 필요할 때 얼른 찾는 스킬만이라도 키워보자고요. 문법적인 설명이 머리 아프다면 적당히 넘어갔다가 필요하다고 느낄 때 다시 펼쳐보셔도 좋습니다.

현지 맛집 탐방을 위해 기억해두면 좋을 점과 최소한의 키워드 등도 적어두었으니 미식 여행을 위한 '체크인'이라 생각하고 Part 1을 가볍게 훑어봐주세요.

Ready!

1

일본 글자 다이어리

히라가나, 가타카나와 친해지기

일본의 문자는 히라가나와 가타카나, 그리고 한자로 이루어져 있습니다. 문자가 하나가 아니다 보니 괜히 더 복잡하게 느껴지죠. 메뉴판을 읽기도 좀처럼 쉽지 않습니다. 그래서 이런 안내서도 준비하게 됐고요.

사실, 히라가나와 가타카나는 생김새만 조금씩 다를 뿐 소리는 같습니다. 알파벳의 대문자 소문자처럼 두 개의 표기법이 있다고 생각하면 이해가 조금 쉬울까요?

기본적으로 가타카나는 **1. 외국어, 외래어 2. 의성어, 의태어 3. 특별히 강조하고 싶은 단어**를 표기할 때 씁니다. 하지만 '이 단어는 무조건 히라가나로, 이 말은 무조건 가타카나로'라는 절대적인 법칙은 없어요. 보편적인 경향이 있을 뿐이죠.

예를 들어, 커피와 빵은 가타카나로 쓰는 경우가 많고, 오뎅과 우동은 히라가나로 쓸 확률이 높습니다. 본문에서는 이런 점을 고려해 보다 널리 쓰이는 표기법을 썼지만, 100% 지켜야 하는 규칙도 아니고 시선을 끌기 위해 일부러 바꿔 쓰기도 하기 때문에 가게에 따라 표기가 다를 수 있습니다. 한자를 쓰는 곳도 있을 테고요.

이런 일본어의 특징을 감안해서! 여행을 떠나기 전에 미리 글자들과 친해지셨으면 좋겠습니다. 메뉴판에 있는 글자를 이 책에서 쉽게 찾을 수 있도록 말이죠.

글자 다이어리 사용법

다음 장에는 히라가나, 가타카나를 한눈에 보고 익힐 수 있도록 글자 다이어리를 정리해뒀습니다. 어디까지나 '미식가'를 위한 책인 만큼, 미식 여행에서 한 번쯤은 마주칠 만한 단어들도 함께 소개할게요. 먼저 글자를 몇 번 써보면서 형태를 익힌 다음, '상식을 넓힌다'는 느낌으로 단어도 함께 외워보세요. 글자만 익히려고 할 때보다 더 쉽고 즐겁게 히라가나/가타카나와 친해질 수 있을 거예요.

앞서 말했듯 어떤 단어는 히라가나를 주로 쓰고, 어떤 단어는 가타카나를 많이 쓰겠지만, 여기에서는 글자를 처음 익히는 분들의 편의를 위해 일부러 한 단어를 히라가나/가타카나로 모두 표기했어요.

현지의 풍경을 상상하며 한 글자, 뭐 먹을지 생각하면서 한 글자! 이렇게 한 글자씩 친해져봅시다.

히라가나		가타카나
あ	**〔아〕**	**ア**
あめ	〔아메〕 사탕	アメ
あいす	〔아이스〕 아이스(크림)	アイス
い	**〔이〕**	**イ**
いくら	〔이쿠라〕 연어알	イクラ
かい	〔카이〕 조개	カイ
う	**〔우〕**	**ウ**
うめ	〔우메〕 매실	ウメ
うに	〔우니〕 성게	ウニ
え	**〔에〕**	**エ**
えのき	〔에노키〕 팽이버섯	エノキ
あえ	〔아에〕 무침	アエ
お	**〔오〕**	**オ**
おむらいす	〔오무라이스〕 오므라이스	オムライス
かつお	〔카츠오〕 가다랑어	カツオ

히라가나		가타카나
か	**〔카〕**	**カ**
かに	〔카니〕 게	カニ
いか	〔이카〕 오징어	イカ
き	**〔키〕**	**キ**
きのこ	〔키노코〕 버섯	キノコ
きむち	〔키무치〕 김치	キムチ
く	**〔쿠〕**	**ク**
くり	〔쿠리〕 밤	クリ
くし	〔쿠시〕 꼬치	クシ
け	**〔케〕**	**ケ**
けーき	〔케-키〕 케이크	ケーキ
さけ	〔사케〕 술	サケ
こ	**〔코〕**	**コ**
ここあ	〔코코아〕 코코아	ココア
きなこ	〔키나코〕 콩가루	キナコ

히라가나		가타카나
さ	**〔사〕**	**サ**
さしみ	〔사시미〕 회	サシミ
さわー	〔사와-〕 사워(과일주)	サワー
し	**〔시〕**	**シ**
しお	〔시오〕 소금	シオ
しいたけ	〔시이타케〕 표고버섯	シイタケ
す	**〔스〕**	**ス**
すし	〔스시〕 스시	スシ
すいか	〔스이카〕 수박	スイカ
せ	**〔세〕**	**セ**
せろり	〔세로리〕 셀러리	セロリ
せせり	〔세세리〕 닭 목살	セセリ
そ	**〔소〕**	**ソ**
そーす	〔소-스〕 소스	ソース
そうめん	〔소-멘〕 소면	ソウメン

히라가나		가타카나
た	**〔타〕**	**タ**
たこ	〔타코〕 낙지, 문어	タコ
たらこ	〔타라코〕 명란젓	タラコ
ち	**〔치〕**	**チ**
しちみ	〔시치미〕 시치미 양념	シチミ
はまち	〔하마치〕 (새끼) 방어	ハマチ
つ	**〔츠〕**	**ツ**
つくね	〔츠쿠네〕 츠쿠네	ツクネ
つな	〔츠나〕 참치(캔)	ツナ
て	**〔테〕**	**テ**
てりやき	〔테리야키〕 데리야키	テリヤキ
すてーき	〔스테-키〕 스테이크	ステーキ
と	**〔토〕**	**ト**
とまと	〔토마토〕 토마토	トマト
とうふ	〔토-후〕 두부	トウフ

히라가나		가타카나
な	**〔나〕**	**ナ**
なす	〔나스〕 가지	ナス
なつめ	〔나츠메〕 대추	ナツメ
に	**〔니〕**	**ニ**
にら	〔니라〕 부추	ニラ
にく	〔니쿠〕 고기	ニク
ぬ	**〔누〕**	**ヌ**
ぬた	〔누타〕 초된장절임	ヌタ
ぬるい	〔누루이〕 미지근하다	ヌルイ
ね	**〔네〕**	**ネ**
ねた	〔네타〕 (스시) 재료	ネタ
らむね	〔라무네〕 라무네	ラムネ
の	**〔노〕**	**ノ**
のり	〔노리〕 김	ノリ
のみもの	〔노미모노〕 마실 것	ノミモノ

히라가나		가타카나
は	〔하〕	ハ
はし	〔하시〕 젓가락	ハシ
はちみつ	〔하치미츠〕 꿀	ハチミツ
ひ	〔히〕	ヒ
ひれかつ	〔히레카츠〕 안심 돈가스	ヒレカツ
ひらめ	〔히라메〕 광이	ヒラメ
ふ	〔후〕	フ
ふらい	〔후라이〕 프라이	フライ
ふるーつ	〔후루-츠〕 과일	フルーツ
へ	〔헤〕	ヘ
へら	〔헤라〕 오코노미야키 주걱	ヘラ
へしこ	〔헤시코〕 고등어 절임	ヘシコ
ほ	〔호〕	ホ
ほたて	〔호타테〕 가리비	ホタテ
ほや	〔호야〕 멍게	ホヤ

히라가나		가타카나
ま	〔마〕	マ
まめ	〔마메〕 콩	マメ
まかろに	〔마카로니〕 마카로니	マカロニ
み	〔미〕	ミ
みそ	〔미소〕 일본 된장	ミソ
くるみ	〔쿠루미〕 호두	クルミ
む	〔무〕	ム
むし	〔무시〕 찜	ムシ
はむ	〔하무〕 햄	ハム
め	〔메〕	メ
めし	〔메시〕 식사	メシ
こめ	〔코메〕 쌀	コメ
も	〔모〕	モ
もやし	〔모야시〕 콩나물/숙주나물	モヤシ
もも	〔모모〕 복숭아	モモ

히라가나		가타카나
ら	**〔라〕**	**ラ**
らーゆ	〔라-유〕 고추기름	ラーユ
さら	〔사라〕 접시	サラ
り	**〔리〕**	**リ**
あさり	〔아사리〕 바지락	あさり
りょうり	〔료-리〕 요리	リョウリ
る	**〔루〕**	**ル**
しる	〔시루〕 즙, 국물	シル
するめいか	〔스루메이카〕 살오징어	スルメイカ
れ	**〔레〕**	**レ**
かれー	〔카레-〕 카레	カレー
れたす	〔레타스〕 양상추	レタス
ろ	**〔로〕**	**ロ**
ろーす	〔로-스〕 등심	ロース
ろこもこ	〔로코모코〕 로코모코	ロコモコ

히라가나		가타카나
や	**〔야〕**	**ヤ**
やき	〔야키〕 구이	ヤキ
やさい	〔야사이〕 야채	ヤサイ
ゆ	**〔유〕**	**ユ**
おゆ	〔오유〕 따뜻한 물	オユ
しょうゆ	〔쇼-유〕 간장	ショウユ
よ	**〔요〕**	**ヨ**
ようなし	〔요-나시〕 서양 배	ヨウナシ
さより	〔사요리〕 학꽁치	サヨリ
わ	**〔와〕**	**ワ**
わかめ	〔와카메〕 미역	ワカメ
いわし	〔이와시〕 정어리	イワシ
を	**〔오〕**	**ヲ**

を는 조사 '을/를'로만 쓰는 글자입니다.

히라가나		가타카나
ん	〔ŋ/n〕	ン
みかん	〔미캉〕 귤	ミカン
らーめん	〔라-멘〕 라멘	ラーメン

탁음 · 반탁음과 친해지기

앞서 일본어 글자의 가장 기본적인 형태를 소개했는데요, 이제 그 글자들이 살짝 변신한 모습을 살펴보겠습니다. 변신형으로는 점을 두 개 찍는 '탁음', 꼬마 동그라미를 붙이는 '반탁음'이 있습니다. 탁음은 말 그대로 발음이 탁해지는 글자인데, 우리 귀에는 기본 발음보다 조금 더 부드럽게 들리기도 해요. 이 점은 か、さ、た、は, 이렇게 4개의 행에만 쓸 수 있습니다.

반탁음은 は행 전용으로, 소리가 거센 파열음으로 바뀌고요. 그 소리를 최대한 가까운 우리말로 옮기면 아래와 같은 발음이 됩니다.

〔**카**+ 〃〕→〔**가**〕

〔**사**+ 〃〕→〔**자**〕

〔**타**+ 〃〕→〔**다**〕

〔**하**+ 〃〕→〔**바**〕

〔**하**+ °〕→〔**파**〕

그럼, 탁음과 반탁음이 들어간 맛있는 단어들도 알아볼까요?

히라가나		가타카나
まーがりん	〔마-가린〕 마가린	マーガリン
うなぎ	〔우나기〕 장어	ウナギ
はまぐり	〔하마구리〕 대합	ハマグリ
からあげ	〔카라아게〕 닭튀김	カラアゲ
あなご	〔아나고〕 붕장어	アナゴ
さざえ	〔사자에〕 소라	サザエ
あじ	〔아지〕 전갱이	アジ
ぜりー	〔제리-〕 젤리	ゼリー
さらだ	〔사라다〕 샐러드	サラダ
おでん	〔오뎅〕 오뎅	オデン
どりんく	〔도링크〕 드링크	ドリンク
ばさし	〔바사시〕 말고기 육회	バサシ
ぶり	〔부리〕 방어	ブリ
あわび	〔아와비〕 전복	アワビ
べーこん	〔베-콘〕 베이컨	ベーコン
あぼかど	〔아보카도〕 아보카도	アボカド
ぱん	〔팡〕 빵	パン
ぴーまん	〔피-망〕 피망	ピーマン
ぷりん	〔푸링〕 푸딩	プリン
ぺぺろんちーの	〔페페론치-노〕 페페론치노	ペペロンチーノ
ぽてと	〔포테토〕 포테이토	ポテト

요음과 친해지기

요음은 간단히 말하면 '미니 や、ゆ、よ', 그러니까 ゃ、ゅ、ょ를 뜻합니다. 모양은 똑같지만 크기가 다르죠? 발음도 큰 삼총사와 똑같습니다. 다만, 작고 힘이 없어서 혼자는 못 다니고 꼭 다른 글자 뒤를 따라다닙니다. 〔키〕, 〔시〕, 〔미〕처럼 우리말로 'ㅣ' 모음 발음이 나는 친구들 중 몇몇만 골라서요. 언뜻 복잡하게 들리지만 아래의 발음과 단어를 보면 금방 감이 오실 거예요.

〔**키**+야〕 = 〔**캬**〕

〔**시**+요〕 = 〔**쇼**〕

〔**미**+유〕 = 〔**뮤**〕

이런 식으로 앞글자와 합체해, 한 박자처럼 발음한다고 생각하시면 됩니다.

や	〔야〕	**ヤ**
ちゃーはん	〔챠-항〕 볶음밥	チャーハン
ししゃも	〔시샤모〕 열빙어	シシャモ
ゆ	〔유〕	**ユ**
きゅうり	〔큐-리〕 오이	キュウリ
じゅーす	〔쥬-스〕 주스	ジュース
よ	〔요〕	**ヨ**
しょうが	〔쇼-가〕 생강	ショウガ
ぎょーざ	〔교-자〕 만두	ギョーザ

촉음과 친해지기

촉음은 미니 つ, 바로 っ를 가리킵니다. 이 작은 글자도 혼자서는 소리를 만들 수 없죠. 촉음은 뒤에 어떤 글자가 오느냐에 따라 발음이 미묘하게 달라지지만, 우리는 이제 막 일본어를 알아가는 단계이니 편의상 우리말의 시옷 받침이라고 생각하기로 해요. 결과적으로 의사 전달에는 큰 문제가 없을 것이고, 발음하다 보면 저절로 자연스러운 소리가 나기도 하거든요.

걱정되시는 분들을 위해 예를 한번 들어볼까요? 미식가 여러분들 '입파이(입빠이)'라는 일본어, 한 번쯤 들어보셨죠? 잘 아시다시피 '가득'이라는 뜻이지만 '한 잔'을 뜻하기도 하는 단어랍니다. 정확한 문법에 따르면 '입파이'로 발음해야 하지만 '잇파이'라고 발음해도 소리에 큰 차이가 없답니다. 물론, 초급을 벗어난 후에는 조금 더 정확한 발음을 공부하는 것이 좋겠죠?

つ	〔s〕	ツ
なっとう	〔낫토-〕 낫토	ナットウ
りぞっと	〔리좃토〕 리조토	リゾット
くっきー	〔쿳키-〕 쿠키	クッキー
がーりっく	〔가-릿쿠〕 갈릭	ガーリック
ひややっこ	〔히야얏코〕 양념 냉두부	ヒヤヤッコ
ころっけ	〔코롯케〕 크로켓	コロッケ
しろっぷ	〔시롯푸〕 시럽	シロップ

초보자 레벨에 맞춰 시옷 받침으로 통일해 적은 우리말 표기입니다. 앞 글자와 합체해 한 음절로 발음해보세요.

받침과 친해지기

'ん'은 촉음과 함께 우리말의 받침과 같은 역할을 하는 글자입니다. 한글의 'ㄴ, ㅁ, ㅇ' 받침에 가까운 소리가 나는데요, 이 글자도 뒤에 어떤 글자가 오느냐에 따라 소리가 약간씩 달라집니다. 하지만 이 역시 지금은 너무 고민하지 말기로 해요. 일단, 요리 및 재료와 관련된 단어의 발음은 이 책에 적어둔 표기를 참고하면 되니까요.

혹시라도 여기 없는 단어를 말하고 싶다면 대부분의 경우 'ㄴ'과 'ㅇ'의 중간 발음쯤이 제일 그럴듯하게 들릴 거예요. 'ㅁ' 받침처럼 읽는 단어는 그리 많지 않거든요. 중간쯤의 소리가 어떤 것인지 와닿지 않는다면, 개인적으로는 'ㅇ'에 가깝게 발음하기를 추천합니다. 'ㄴ' 받침을 강하게 하면 어색하게 들리는 단어도 있지만, 'ㅇ'으로 발음했을 때 어색해지는 단어는 비교적 적고, 위화감도 덜한 편이에요.

ん	〔ŋ/n〕	ン
うどん	〔우동〕 우동	ウドン
たくあん	〔타쿠앙〕 단무지	タクアン
てんどん	〔텐동〕 튀김덮밥	テンドン
とんかつ	〔톤카츠〕 돈가스	トンカツ
りんご	〔링고〕 사과	リンゴ
ごはん	〔고항〕 밥	ゴハン
あんぱん	〔앙팡〕 팥빵	アンパン

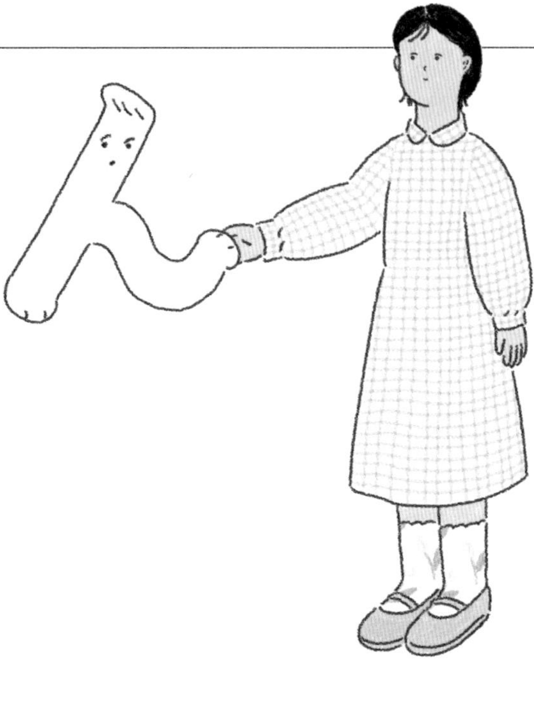

Ready! 2

0레벨이어도 괜찮습니다

이제 히라가나와 가타카나는 띄엄띄엄 읽을 수 있게 되었지만(혹은 재빨리 형태를 알아보고 다이어리를 찾을 수 있게 되었지만), 여행을 떠난다고 생각하니 마음 한구석에 알 수 없는 불안함이 싹틉니다.

점찍어둔 맛집을 잘 찾아갈 수 있을까? 점원이 갑자기 말을 걸면 어떡하지? 상상만으로도 식은땀이 삐질삐질 흐르는 기분이네요.

언젠가 여러분이 진짜 여행을 떠나게 된다면 이 글을 꼭 한 번 읽어봐주세요. 지극히 당연하고, 아주 단순한 이야기지만 그래서 잊기 쉬운 것들이기도 하거든요. 여유로운 미식 여행 중 예상치 못한 일본어 공격이 날아올 때, 이 페이지의 내용이 아주 작은 '용기 버튼'이 되었으면 좋겠습니다.

완벽하지 않아도 돼요

위장은 베테랑, 입맛은 럭셔리. 하지만 일본어는 생초보! 이것이 우리의 현실입니다. 당연하죠. 우리는 일본인이 아닌걸요. 다시 한번 말하지만, 우리는 한국 사람이고 일본어가 서툰 것은 지극히 당연한 일입니다. 중요한 건 그럼에도 불구하고 이렇게 일본어 벼락치기를 하며 최소한의 예의를 지키기 위해 노력 중이라는 사실이죠.

외국어 초보들이 그나마 아는 단어도 말하지 못하고 우물쭈물하는 가장 큰 이유가 뭘까요? '잘해야지. 틀리지 말아야지'라는 생각으로 스스로를 긴장시키기 때문입니다. 아는 말도 잘 나오지 않고 자꾸 위축이 된다면 이런 상황을 떠올려 봤으면 해요.

김치찌갯집에서 아르바이트를 하고 있는데 외국인 손님이 미소 띤 얼굴로 다가와 더듬거리며 말합니다. "킴춰찌게 삼 주세요." 그러면 여러분은 무슨 생각을 할까요? '삼이 아니라 삼 인분이지! 발음은 또 왜 저래?' 하면서 무시하게 될까요? 저라면 영어로 주문하는 사람보다 훨씬 호감이 갈 것 같은데요. 식사 중에 그 손님이 조금 어리숙한 행동을 해도 이해해줄 것 같고요. 사실 네이티브 입장에서 외국인의 일본어가 조금 어설픈 것은 별 문제가 되지 않습니다. 예의를 지키려고 노력하는 태도가 중요한 거죠.

이걸로도 마음이 편해지지 않는다면 비밀스러운(?) 극약처방도 있습니다. '어차피 다신 안 볼 사람인데 뭐.' '저 사람도 외국에 가면 똑같이 긴장할걸?' '난 이 나라를 찾아온 손님이라고!' 이렇게 마음속으로 외치는 거죠. 상대방을 존중하는 태도만 잊지 않는다면 작은 용기를 얻는 괜찮은 방법이 될지도 모릅니다.

제스처와 표정의 힘

마음의 준비가 끝났다면 이제 대화의 효율과 정확도를 높여줄 무기를 챙겨봅시다. 준비물은 여러분의 팔과 손가락. 그리고 얼굴입니다.

북적거리는 분위기에서 내 말을 잘 못 알아듣는 것 같을 때, 내가 원하는 것을 말로 설명하기 어려울 때 가장 빨리 꺼낼 수 있는 무기가 바로 바디랭귀지입니다.

그 가게만의 오리지널 메뉴라 이름을 알 수가 없다, 하지만 메뉴판에 너무나 맛있어 보이는 사진이 있다! 그럴 땐 미소 띤 얼굴과 함께 두 번째 손가락으로 메뉴를 콕 짚어주면 끝이죠. 인원수를 말할 때나 부탁을 할 때 등 미소와 손가락으로 해결할 수 있는 일은 생각보다 많습니다. 음식점뿐 아니라 어디에서나 표정과 목소리, 모션을 적극적으로 쓰고 약간의 연기를 더해주면 전달력이 확 높아진답니다.

Ready!

3

이것만 써도 OK, 마법의 일본어 세 문장

맛집에서 정신없이 라멘을 먹다가 너무 흥분한 나머지 젓가락을 떨어뜨리고 말았습니다.
이때 "젓가락!"이라고 말하는 것과 "죄송하지만, 젓가락 좀 주세요"라고 말하는 것, 어느 쪽이 좋을까요?

물론 "젓가락"이라고만 해도 말은 통할 테고, 외국인으로서 큰 문제는 없을 겁니다. 하지만 아주 간단한 방법으로 센스 있는 표현을 쓸 수 있다면, 게다가 대부분의 상황에 통용되는 말이라면 알아두는 것이 좋겠죠? 일본 여행의 '필수템'이라 할 수 있는 마법의 세 문장을 공개합니다!

"스미마셍"으로 시작하고

すみません

미안합니다/실례지만/저기요

"오네가이시마스"로 부탁하고

おねがいします

-주세요/-부탁합니다

"아리가토-고자이마스"로 끝내보세요!

ありがとうございます

감사합니다

마법의 세 문장 1. 스미마셍

먼저, 말을 걸거나 주문/부탁을 할 때는 '스미마셍'으로 시작해보세요.

'미안합니다'

'실례합니다'

'저기요~'

모두 스미마셍으로 해결할 수 있습니다.

마법의 세 문장 2. 오네가이시마스

미식 여행에서 가장 많이 쓰게 될 '오네가이시마스'를 기억해주세요. '오네가이시마스'는 직역하면 '부탁한다'는 뜻이지만 다음과 같은 문장을 말할 때도 쓸 수 있어요. 초록색 부분의 우리말 표현을 이 한마디로 대체할 수 있죠.

우동 **주세요.**

숟가락 좀 **주시겠어요?**

주문 **하고 싶어요.**

(돈을 내밀며) **이걸로 계산해주세요.**

일본어로 '~주세요'라고 하면 '구다사이'를 떠올리는 분도 많을 텐데요. 그 또한 옳은 표현이지만, 훨씬 다양한 상황에 대응할 수 있고 더욱 정중하게 들린다는 점을 고려하면 역시 '오네가이시마스'만큼 편리한 말이 없는 것 같아요.

"우동 **오네가이시마스.**"	우동(うどん) **부탁합니다.**
"스푼- **오네가이시마스.**"	숟가락(スプーン) **부탁합니다.**
"츄-몬 **오네가이시마스.**"	주문(ちゅうもん) **부탁합니다.**
"**오네가이시마스.**"	(돈을 내밀며) **이걸로 계산 부탁합니다.**

이렇게 단 한 가지 표현으로 모든 원하는 바를 부드럽게 요구할 수 있으니까요.

마법의 세 문장 3. 아리가토-고자이마스

마지막으로 누군가에게 도움을 받았을 때, 가게의 주인에게 고마움을 표할 때는 '아리가토-고자이마스'라고 감사 인사를 해보세요. 여기에 목례와 미소가 들어간다면 금상첨화겠죠.

위의 내용을 종합해보면, 마법의 세 문장만으로 대화가 다음과 같이 레벨업되는 셈이에요.

마법의 문장을 모르는 여행자		**마법의 문장을 아는 여행자**
젓가락! (젓가락 받고 끝)	☞	죄송하지만, 젓가락 좀 부탁합니다. (젓가락을 받고) 감사합니다.

어떠세요? 새로운 단어는 젓가락(하시はし라고 합니다) 하나 뿐이지만, 노력에 비해 큰 변화가 생긴 것 같지 않으세요? 앞뒤의 말을 덧붙이는 것이 아직 버겁다면, '오네가이시마스'만이라도 도전해보세요. 메뉴 이름을 모른다면, 그냥 손가락으로 가리키며 "오네가이시마스"라고 하시면 됩니다!

Ready! 4

미식 여행가를 위한 열 가지 상식

자, 이제 꿈꿔왔던 '미식 여행'을 시작할 시간입니다.
즐겁고 편안한 여행을 위해 알아두어야 할 소소하지만 중요한 열 가지 Tip!
일본 어디에서 무엇을 먹고 마시든, 꼭 기억해두세요.

1. 인사 정도는 할 줄 아는 세련된 여행가

우리는 미식 여행가니까, 식사에 필요한 최소한의 인사를 먼저 확인해둡시다.
우선, 일본 영화나 드라마 속 주인공들이 음식을 먹기 전에 두 손을 모으며 말하던 식사 전 인사, **"이타다키마스"**(いただきます, 잘 먹겠습니다)와 식사를 마친 후 가족이나 점원에게 건네던 인사, **"코치소-사마데시타"**(ごちそうさまでした, 잘 먹었습니다)부터 따라해볼까요?

2. 식권 발권기가 있는지 확인해보세요

대중적인 음식점이나 체인점 등에 가면 입구에 식권 발권기가 있는 경우가 많습니다. 미리 기계로 주문과 계산을 하고 식권을 받아 점원에게 건네는 형식이 대부분이며, 특히 라멘집이나 덮밥집 등에서 쉽게 볼 수 있습니다. 사진이 같이 붙어 있는 곳도 많아서 오히려 주문이 편할 수도 있어요. 시간이 없거나 뭘 고를지 고민이 될 때는 맨 윗줄의 첫 번째 음식이 그 집의 대표 메뉴인 경우가 많으니 참고하세요!

3. 안내를 기다리세요

가게에 들어서면 문 앞에서 일단정지! 얼른 새로운 맛을 느끼고 싶은 들뜬 마음은 이해하지만, 잠시 멈춰 점원을 기다려주세요. 우리나라에서는 빈자리가 보이면 적당히 앉는 일이 많지만 일본에서는 입구에서 안내를 기다리는 것이 일반적입니다. 혼자 오는 손님이 많은 가게나 작은 선술집 중에는 알아서 자리에 앉는 곳도 있지만, 그럴 경우라도 가게에 들어선 후 잠시 멈춰 상황을 파악하거나, 점원의 대응을 기다리는 것을 추천합니다.

4. 소비세를 확인하세요

일본에서 물건이나 음식을 살 때 주의해야 할 것 중 하나가 '소비세'입니다. 2021년 봄부터는 소비세 표기법이 통일될 예정이지만, 자리잡기 전까지는 여러 가지 표기법 때문에 헷갈릴 수 있어요.

100円 (税込み110円)	100円 (+消費税)	110円	100円 (税抜き)

☞ 2020년 기준, 일본의 기본 소비세율은 10%입니다. 다만, 편의점과 마트에서 구입하는 일부 식료품, 테이크아웃 및 배달 음식 등에는 8%의 세율이 적용되기도 하니 참고해주세요.

이 가격표들은 조금씩 모양새가 다르지만, 결국 모두 같은 뜻입니다. 결론적으로 소비자가 지불해야 하는 돈이 110엔이라는 의미죠. 100엔은 소비세를 적용하지 않은 가격, 110엔은 10%의 소비세를 적용한 가격입니다.

그럼 가격을 정확히 파악하기 위해 알아두어야 할 단어 몇 가지를 확인해봅시다.

일단, 税込(み)(제-코미ぜいこみ, 세금 포함 금액)라는 글씨가 있으면 그것이 최종 가격이라는 뜻입니다.

本体価格, 税抜(き)는 세금 적용 전의 가격을 나타낸 것이며 +消費税, +税, 税別 등의 표시는 나중에 세금이 별도로 추가된다는 뜻이므로 이 모든 가격에는 계산 시 소비세가 추가된다고 이해하면 됩니다.

한 가격표에 두 개의 금액이 쓰여 있을 때는 숫자가 큰 쪽이 실제 가격이라고 생각하고, 하나의 가격만 있는 경우에는 税込(み)라고 쓰여 있는지 아니면 다른 글자가 쓰여 있는지 구별하면 편할 거예요.

5. 식사는 젓가락으로, 그릇은 손으로 들고

일본에서는 한국과 달리 밥그릇을 들고 먹는다는 이야기, 많이 들어보셨죠? 일본인들은 숟가락을 거의 사용하지 않기 때문에 젓가락으로 먹되, 음식이 떨어지지 않도록 그릇을 들고 먹습니다. 면 종류는 그릇을 내려놓은 채 젓가락으로 먹어도 불편함이 없겠지만, 덮밥이나 정식 등을 먹을 때는 이 점을 참고하세요. 또 하나, 음식을 소리 내며 먹는 것은 일본에서도 실례지만, 면 요리는 후루룩 소리를 내며 먹어도 예의에 어긋나지 않는답니다.

6. 반찬 리필은 공짜가 아닙니다

외국인들이 우리나라에 놀러 와서 가장 놀라는 것 중 하나가 '반찬 인심'이라고 하죠? 맛있는 반찬을 여러 개씩, 그것도 무료로 추가해 먹을 수 있는 나라는 그리 많지 않으니까요. 일본 역시 마찬가지입니다. 스시집의 생강절임이나 덮밥집의 장아찌처럼 처음부터 테이블 위에 올려져 있는 리필용 반찬 외에는 기본적으로 추가 비용이 발생한다고 생각해야 합니다. 조그만 접시에 담긴 김치 하나에 100엔 안팎의 가격이 매겨져 있는 걸 보면 한국의 설렁탕집, 칼국숫집의 정이 문득 그리워지죠. 돈을 더 내고라도 먹고 싶은 반찬이 있다면 그때 추가 주문을 합시다.

7. 영수증이 필요할 때는?

여행지에서 음식을 먹으면 기록이나 여행비 계산을 위해 영수증을 모으는 사람이 많습니다. 맛있는 가게나 멋진 카페, 술집에 다녀오면 그 영수증이 소소한 기념품이 되어줄 때도 있고요. 여기서 한 가지! 한일사전에서 영수증이라는 단어를 검색하면 료-슈-쇼(領収書, 정산용 영수증)라는 직역이 나올 텐데요, 사실 일본에서 료-슈-쇼란 일종의 증빙용 서류에에 가깝습니다. 그래서 "료-슈-쇼 오네가이시마스"라고 하면 점원들이 회사명 및 정산자의 이름을 물어오거나, 손으로 금액을 적은 뒤 도장을 찍는 등 일이 번거로워질 거예요. 게다가 내역이 생략된 합계 금액만 확인할 수 있죠. 그러니 특별

한 정산 목적이 없다면 **"레시-토 오네가이시마스"**(レシートおねがいします、일반영수증 주세요)라고 말씀하세요. 우리나라처럼 별말 없이 잔돈과 함께 주거나, 점원이 먼저 필요하냐고 묻는 경우도 많습니다.

8. 카드보다는 현금

'에이, 요즘 시대에… 그것도 나름 선진국이라는 일본에서, 설마 카드가 안 되겠어?' 이런 생각으로 카드만 믿고 가볍게 일본 여행을 떠났다가 낭패 본 분들 꽤 있으시죠? 일본에서는, 특히 음식점과 술집에 갈 때는 현금을 챙겨가는 것이 좋습니다. 더치페이 문화도 한몫을 하여 일본인들은 주로 현금을 가지고 다닙니다. 최근 들어 관광객들의 편의를 위해 카드를 취급하는 곳이 급격히 늘고는 있지만 조그만 가게나 외곽 도시, 동네 선술집 등은 아직 안심할 수 없습니다. 계산에서만큼은 우리나라보다 아날로그라는 사실을 잊지 마세요!

9. 가게의 콘센트는 함부로 쓰면 안 돼요

일본에서는 전기를 허락 없이 사용하지 않도록 주의해주세요. 고객의 편의를 위해 콘센트를 별도로 설치해놓은 곳은 정해진 룰에 따라 사용해도 되지만, 벽이나 기둥 등의 전기를 허락도 없이 끌어쓰는 일은 상식 밖의 행동으로 여겨지기 쉽습니다. 어느 가게에서나 콘센트를 찾아 편하게 꽂는 우리 문화와 비교하면 조금은 정 없이 느껴질 수도 있지만, 존중해야 할 인식의 차이입니다. 최근에는 대형 체인이나 카페를 중심으로 충전 서비스를 제공하는 곳도 늘고 있는데 그런 곳에서도 너무 오래 사용하지 않는 것이 에티켓입니다.

10. Wifi 이용이 불편할 수 있어요

신용카드에 이어, 안심하면 안 될 또 하나의 포인트! 바로 Wifi입니다. 이 역시 최근 많이 개선되었지만, 여전히 속도가 느리거나 연결 상태가 불안한 곳들이 많습니다. 일부 대중식당이나 술집, 지방 소도시 등에서는 연결이 어려울 수 있습니다. 인터넷 사용이 꼭 필요한 분이라면 국내에서 저렴한 유심칩을 구입해 가거나, 포켓 와이파이, 로밍 등의 서비스를 사용하는 것이 마음 편할 거예요. 물론 식사 시간만큼은 잠시 휴대폰과 떨어져 함께 있는 사람과 맛있는 음식에 집중하는 것이 최고겠죠?

Ready! 5

이것이 0레벨의 식당 회화입니다

: 입장에서 주문까지 9장면 시뮬레이션

혹시 낯선 곳으로 떠나기 전 여행회화 책을 사보신 적 있나요?

책 속의 표현을 열심히 외워 그대로 말하는데도, 대화가 어려웠던 이유는 뭘까요? 예문을 보고 더듬더듬 의사를 전달할 수는 있지만, 되돌아오는 현지인의 현란한 답변을 알아들을 수가 없기 때문이죠. 같은 뜻이라도 다양한 패턴으로 표현하기 때문에 특정 문장을 외워도 큰 도움이 안 됩니다. 그래서 제안하는 방법이 바로 키워드에 집중하기! 현란한 말들을 다 알아듣지 못해도, 각 상황에 맞는 핵심 키워드만 파악하면 얼마든지 신나게 먹고 마실 수 있을 거예요.

이 장에서는 두근두근 가게 문을 열고 들어선 순간부터, 기대하던 음식이 나오는 순간까지, 최소한의 일본어 소통이 필요한 '식당 회화'를 9장면으로 정리해봤습니다. 실제로 여행을 한다면 경험할 수밖에 없는 생생한 장면들이죠.

각 장면에서 점원들이 주로 하는 말이 무엇인지 파악해보세요. 특히, 문장 속에서 빨간색으로 표시한 키워드들은 머리에 쏙쏙 넣어두셨으면 합니다! 이 키워드만 캐치해도 나머지는 눈치껏 대처할 수 있을 테니까요.

NOTICE

검은색 글씨는 꼭 대답하지 않아도 되는 인사말.
빨간색 글씨는 점원의 질문이나 안내에 자주 등장하는 키워드.

파란색 글씨는 내가 대답할 때 사용할 키워드입니다.

인원수나 흡연 여부 등은 각자의 상황에 맞는 표현을 골라 펜으로 표시해두면 더욱 좋겠죠?
〈Ready 5〉의 장면들을 보다 보면 뭔가 말을 해야 할 때 마법의 단어 '오네가이시마스'가 위력을 발휘한다는 걸 실감할 수 있을 거예요. 영어의 please처럼 이 말만 붙여도 자연스러운 문장이 되는 경우가 많으니 꼭 기억해두세요.

Scene 1.

입장

들어가면 먼저, 환영 인사를 받을 겁니다. 이 정도는 문제 없으시죠?

어서 오세요

이랏샤이마세

いらっしゃいませ

Scene 2.

인원 확인

그다음은 인원수를 확인할 거예요.

몇 명

난메-사마

何名様(なんめいさま)

Q. 자주 쓰이는 패턴

何名様ですか。	난메-사마데스까	몇 명이세요?
何名様でしょうか。	난메-사마데쇼-까	몇 명이십니까?
お客様、 何名様でしょうか。	오캬사마, 난메-사마데쇼-까	손님, 몇 명이십니까?

Q. 혼자 갔다면 이렇게 물을지도?

한 분(한 명)

(오)히토리사마 / 이치메-사마

お一人様ですか。	(오)히토리사마데스까	한 분이세요?
1名様でございますか。	이치메-사마데 고자이마스까	한 명이신가요?

Q. 둘이 갔다면 이렇게 물을지도?

두 분(두 명)

(오)후타리사마 / 니메-사마

お2人様ですか。	(오)후타리사마데스까	두 분이세요?
2名様でございますか。	니메-사마데 고자이마스까	두 명이신가요?

A. 혼자 갔을 때 대답

1人です。	**히토리**데스	한 명입니다.

A. 둘이 갔을 때 대답

2人です。	**후타리**데스	두 명입니다.

A. 세 명 이상일 때 대답

3人です。	**산닌**데스	세 명입니다.
4人です。	**요닌**데스	네 명입니다.
5人です。	**고닌**데스	다섯 명입니다.

점원들은 산닌(3), 요닌(4), 고닌(5)을 산메-사마, 욘메-사마, 고메-사마로 칭할 수도 있습니다.
6명 이상의 경우 로쿠(6). 나나(7). 하치(8)처럼 숫자만 말해 봅시다.
단어가 떠오르지 않을 때는 손가락으로 인원수를 표시하고 살며시 미소를!

자리가 넉넉지 않아 보이면 〈Scene 3. 자리가 없을 때〉를, 자리가 충분히 있다면 〈Scene 4. 흡연 여부〉를 참고하세요.

Scene 3.

자리가 없을 때

만석

만세키

満席(まんせき)

Q. 자주 쓰이는 패턴

申し訳ありません。	모-시와케아리마센.	죄송합니다.
満席ですので~	만세키데스노데~	만석이라서~
只今、 満席でございますが	타다이마, 만세키데 고자이마스가	현재, 만석입니다만

대기 여부 확인

웨이팅(기다림)

(오)마치 / 맛테

(お)待ち / 待って

Q. 자주 쓰이는 패턴

お待ちになりますか。	(오)마치니 나리마스까	기다리시겠습니까?
お待ちいただけますでしょうか。	(오)마치 이타다케마스데쇼-까	기다려 주시겠습니까?
少々お待ちください。	쇼-쇼- (오)마치 구다사이	잠시 기다려주십시오.
少し待ってください。	스코시 맛테 구다사이	조금만 기다리세요.

A. 기다리기로 했을 때

待ちます。	마치마스	기다릴게요.

A. 기다리고 싶지 않을 때

"**쟈, 마타 콘도**"(じゃ、また今度。그럼, 다음에 올게요)라고 말하고 나오면 됩니다. 생각이 안 나면 아쉬운 표정과 함께 살짝 인사를 하고 나오는 것도 방법이겠죠?

대기 명단에 이름 적기

이름(성함)

(오)나마에

なまえ
(お)名前

Q. 자주 쓰이는 패턴

お名前を おねがいします。	(오)나마에오 오네가이시마스	성함을 부탁드립니다.
こちらにお名前を 書いてください。	코치라니 (오)나마에오 카이테구다사이	여기에 성함을 적어주세요.

이럴 때를 대비해 자신의 성만이라도 일본어로 쓰는 방법을 알아두면 좋겠죠? 쉬운 발음이라면 성을 영어로 써도 괜찮겠지만, 영어에 익숙하지 않은 점원이 있을지도 모르니까요. 〈Ready 1. 일본 글자 다이어리〉를 참고해 여기에 이름이나 성을 적어보세요.

☞ ________________

순서가 되면 내 이름에 '~사마' 혹은 '~상'을 붙여 호명할 겁니다.

Scene 4.

흡연 여부

오랫동안 흡연자들의 천국으로 알려졌던 일본이지만, 최근 법이 개정되면서 대부분의 음식점과 술집에서 담배를 피울 수 없게 되었습니다. 특히 도쿄와 같은 대도시의 공공장소에서는 흡연 공간을 찾기가 어려워졌죠. 다만, 업소의 규모와 자본금 상황 등에 따라 예외가 적용되는 곳도 있으니 만약 실내에 흡연 구역이 나뉘어 있다면 아래의 내용을 참고해주세요.

담배

타바코

タバコ

Q. 자주 쓰이는 패턴

タバコは お吸いになりますか。	타바코와 오스이니 나리마스까	담배를 피우십니까?

or

흡연	금연
키츠엔	**킹엔**
喫煙(きつえん)	禁煙(きんえん)

Q. 자주 쓰이는 패턴

喫煙席と禁煙席、 どちらがいいですか?	키츠엔세키토 킹엔세키, 도치라가 이이데스까	흡연석과 금연석, 어느 쪽이 좋으세요?

A. 흡연석을 원할 때

흡연석으로 부탁합니다.

키츠엔데 (오네가이시마스)

喫煙でおねがいします。

A. 금연석을 원할 때

금연석으로 부탁합니다.

킹엔데 (오네가이시마스)

禁煙でおねがいします。

Scene 5.

자리 안내

흡연 여부 확인이 끝나면 점원이 직접 안내를 하거나 편한 자리에 앉으라고 권할 겁니다. 자연스럽게 따라가거나 적당한 자리에 앉으세요.

이쪽	원하는 자리	비어 있는 자리
코치라	**(오)스키나 세키**	**아이테루 세키**
	す　せき	あ　せき
こちら	(お)好きな席	空いて(い)る席

Q. 자주 쓰이는 패턴

こちらへどうぞ。	お好きな席へどうぞ。	空いてる席へどうぞ。
코치라에 도-조	(오)스키나 세키에 도-조	아이테루 세키에 도-조
이쪽으로 오세요.	원하는 자리에 앉으세요.	비어 있는 자리에 앉으세요.

Scene 6.

메뉴 확인

자리에 앉았다면 메뉴를 확인할 차례입니다. 메뉴판은 점원이 안내하면서 건네주거나 이미 자리에 놓여 있겠죠. 만약 없다면 "**메뉴 오네가이시마스**"(メニュ、おねがいします。메뉴 주세요)라고 하면 됩니다.

여러 종류의 음식이 있는 가게라면 선택할 시간을 주면서, 이런 말을 할지도 모릅니다.

호출	버튼
오요비	보탄
(お)呼び (よ)	ボタン

Q. 자주 쓰이는 패턴

~お呼びください	~ボタンを押してください
~오요비 구다사이	~보탄오 오시테 구다사이
~불러주세요	~버튼을 눌러주세요

Scene 7.

주문

행복한 고민을 마치고 드디어 음식을 주문할 시간! 벨을 누르거나, 손을 들면 점원이 다가오겠죠? 흐름상 이런 질문을 받기 딱 좋은 타이밍입니다.

주문

(고)츄-몬

(ご)注文（ちゅうもん）

Q. 자주 쓰이는 패턴

ご注文は お決まりですか。	(고)츄-몬와 오키마리데스까	주문할 메뉴는 정하셨나요?
ご注文は いかがなさいますか。	(고)츄-몬와 이카가나사이마스까	주문은 어떻게 하시겠습니까?

or

무엇으로

나니니

何に（なに）

Q. 자주 쓰이는 패턴

何に なさいますか。	나니니 나사이마스까	무엇으로 하시겠어요?
ご注文は 何にしますか。	(고)츄-몬와 나니니시마스까	주문은 무엇으로 하시겠어요?

이 단계에서는 한국어 '주문'과 발음이 비슷한 '츄-몬'이란 단어에 집중해보세요. 가끔 '나니니'가 쓰이거나, 둘이 함께 쓰이는 경우도 있습니다. 특별한 말 없이 주문을 받으러 와서 있을 수도 있으니, 그럴 때는 손가락을 펴고 원하는 메뉴를 콕 짚어줍시다. 그리고 마법의 문장 "오네가이시마스"를 붙여 간단하게 해결!

물론, 더듬더듬이라도 일본어를 말할 수 있다면 메뉴 이름을 하나씩 말해볼 것을 추천합니다.

A. 아무리 어려운 메뉴도 손가락 하나, 말 한마디로 ok!

これ、おねがいします。	코레, 오네가이시마스	이걸로 부탁합니다.

A. 메뉴가 여러 개라면?

これとこれ、 おねがいします。	코레토 코레, 오네가이시마스	이것과 이것, 부탁합니다.

A. 메뉴 이름 정도는 말할 수 있다면?

○○、 おねがいします。	○○, 오네가이시마스	○○, 부탁합니다.

주문을 하고 나면 점원이 주문 내용을 확인한 뒤, 더 추가할 것이 없는지 물을 수 있습니다.

이상으로

이죠-데

以上で(いじょう)

Q. 자주 쓰이는 패턴

ご注文は以上で よろしいですか。	(고)츄-몬와 이죠-데 요로시이데스까	주문은 이상으로 괜찮으신가요?

추가할 것이 없으면 **"하이"**(はい, 네)라고 대답하고, 빠뜨린 것이 있으면 추가할 메뉴를 손가락으로 가리키며 **"코레모 오네가이시마스"**(これもおねがいします。이것도 부탁합니다)라고 말해보세요.

참고로, 테이크아웃을 하고 싶은 메뉴가 있거나 음식을 포장해 다른 곳에서 먹고 싶을 때는 **"오모치카에리데 오네가이시마스"**(お持ち帰りでおねがいします。테이크아웃으로 부탁합니다)라고 하시면 됩니다.

Scene 8.

서빙

드디어 기다리던 순간이 왔습니다! 식욕을 자극하는 비주얼, 군침 도는 냄새와 함께 주문한 음식들이 테이블 위에 놓이겠죠. 서빙을 하는 점원들은 아마 이런 말을 건넬 겁니다.

오래 기다리셨습니다

오마타세 시마시타

お待たせしました

⊕

(주문하신) ○○입니다

○○데 고자이마스

○○でございます

예시

お待たせしました、	오마타세 시마시타.	오래 기다리셨습니다.
牛丼でございます。	규-동데 고자이마스	규동입니다.

☞ '~데 고자이마스'는 많은 분들이 알고 있는 '데스(~입니다)'의 정중한 표현입니다. 쇼핑을 할 때나, 숙소에서 서비스를 받을 때도 자주 들으실 거예요.

☞ 가끔은 최종 확인을 위한 질문을 할 수도 있어요.

(주문한 음식이) 모두 나온 상태

소롯테 / 오소로이※

そろって / おそろい

Q. 자주 쓰이는 패턴

料理は全部 そろっていますか。	료-리와 젠부 소롯테 이마스까	음식이 모두 나왔습니까?
ご注文の料理は すべておそろいでしょうか	(고)츄-몬노 료-리와 스베테 오소로이데쇼-까	주문하신 음식이 모두 나왔습니까?※

※ 엄밀히 따지면 두 표현 중 '오소로이'가 들어간 문장은 문법적으로 올바르지 않습니다. 하지만 실제로는 이렇게 말하는 점원들이 꽤 있답니다. 우리나라의 '이쪽에 앉으실게요' 처럼 접객 용어로 자연스럽게 정착해버린 표현인 거죠. 그래서 ※ 표시를 해두었습니다. 어느 쪽이든 의미는 같으니 이런 발음이 들리면 주문한 음식이 모두 제대로 나왔는지 확인해주세요. 문제가 없을 때는 **"하이"**로 마무리를 짓고, 아직 서빙되지 않은 메뉴가 있으면 아래 문장 속 ○○에 메뉴 이름을 넣어 말하거나, **"코레"**(これ,이것)를 넣어 문장을 만든 다음, 메뉴를 가리켜보세요.

○○이/가 아직입니다

○○가 마다데스

○○がまだです

A. 주문한 음식이 안 나왔을 때

牛丼がまだです。	규-동가 마다데스	규동이 아직입니다.

Scene 9.

식사 시작

이제 식사 전 대화는 끝났습니다. 일본어 걱정일랑 잊고, 혀끝의 즐거움을 만끽할 시간이죠. 점원이 서빙 후 다음과 같은 인사를 건네면, 드디어 기다리던 미식 타임 시작입니다. 맛있게 드세요!

편히 즐기세요

(고)윳쿠리 도-죠

(ご)ゆっくりどうぞ

Ready! 6

힌트만 알아도 메뉴판이 보여요

새로운 맛을 찾아다니다 보면 정보가 없는 가게나 낯선 이름의 음식들을 만나는 일이 생깁니다. 검증되지 않은 맛이라고 생각하면 살짝쿵 불안할 수도 있지만, 스스로 새로운 맛을 발견했을 때의 짜릿함이야말로 미식 여행의 진정한 즐거움이라 할 수 있죠.

나만의 맛집 발굴을 위해 직감을 믿고 가게에 들어선 것까지는 좋았는데, 자리에 앉는 순간 불안감이 엄습합니다. 바로 해석할 수 없는 메뉴 때문이죠. 가이드북이나 블로그에서 봤다면 메뉴에 대해 공부를 해뒀을 텐데, 아무 정보 없이 들어온 가게의 메뉴는 그저 그림처럼 보일 뿐입니다.

바로 그런 순간에 이 페이지를 펼쳐보세요!
'추천', '베스트' 같은 유익한 키워드를 알아보는 법부터 조리용어로 음식명을 추리하는 법, 소스와 양념 보는 법, 그리고 헷갈리는 식재료 이름 확인하는 법까지, 메뉴판을 해독할 수 있는 강력한 힌트들을 〈Ready 6〉에 다 모았습니다.

Hint 1.

메뉴판에서 제일 먼저 찾아볼 키워드

인기 메뉴

처음 찾아간 곳이라면 오랫동안 사랑받아온 그 가게의 시그니처 메뉴부터 먹어보는 것이 순서겠죠? 가장 안전하고 현명한 선택을 위해 눈을 크게 뜨고 이 단어들을 찾아보세요.

추천 **おすすめ** 오스스메 (=おススメ·お勧め·推薦)	베스트 **ベスト** 베스토
인기 にんき **人気** 닌키	스테디셀러 ていばん **定番** 테-방

제철 메뉴

재료의 맛을 중요하게 여기는 일본 음식점들은 제철 메뉴나 기간 한정 메뉴를 내놓는 곳들도 많습니다. 모처럼 타이밍이 맞았다면 신선함이 살아 있는 계절의 맛을 음미해보세요.

제철	기간 한정
しゅん **旬** 슌	きかんげんてい **期間限定** 키칸겐테-

봄	여름	가을	겨울
はる **春** 하루	なつ **夏** 나츠	あき **秋** 아키	ふゆ **冬** 후유

☞ 계절을 뜻하는 마크가 붙어 있는 메뉴는 계절 한정 메뉴일 가능성이 높습니다.

전문 메뉴

다른 곳에서 즐길 수 없는 특별한 맛을 경험하는 것도 미식가들에게는 큰 행복입니다. 오직 그 가게에서만 만날 수 있는, 색다른 매력이 담긴 메뉴들과 만나보세요.

오리지널	가게에서 직접 만든	비법이 담긴
オリジナル	**自家製**(じかせい)	**秘伝**(ひでん)
오리지나루	지카세-	히덴

할인 메뉴

쇼핑을 할 때도, 식사나 음주를 할 때도 이 단어를 찾으면 일단 기분이 UP 되죠. 같은 맛을 더 저렴한 가격에! 같은 가격에 더 많은 양을! 이 글자가 붙어 있는 메뉴를 골라 즐거운 혜택도 누리세요.

특별 할인/혜택

(お)得(とく)

(오)토쿠

Hint 2.

메뉴판 필수 용어

얼마나 드시겠어요? : 식사 양

우리나라 짜장면에 곱빼기가 있듯이, 일본에도 음식의 양과 사이즈를 정할 수 있는 음식들이 있습니다. 가장 대표적인 메뉴가 규동이죠. 그 밖에도 면의 양, 밥의 양 등을 선택할 수 있는 음식점에서는 아래의 단어들을 참고해 주문하세요.

1/2	미니	보통	곱빼기	특대	한 그릇 더
ハーフ	ミニ	並(なみ)・並盛(なみもり)	大盛(おおも)り	特盛(とくもり)	おかわり
하-후	미니	나미 · 나미모리	오-모리	토쿠모리	오카와리

替(か)え玉(だま)

카에다마

☞ 카에다마는 라멘의 면 추가를 뜻합니다.

어떻게 드시겠어요? : 메뉴의 구성

음식의 구성과 관련된 단어도 알아봅시다. 패밀리 레스토랑이나 패스트푸드점 등에는 단품과 세트가 있고, 밥집과 술집 중에는 정식이나 모둠 메뉴가 있는 가게가 많죠.

단품	세트	정식	모둠
たんぴん		ていしょく	も　あ
単品	**セット**	**定食**	**盛り合わせ**
탄핑	셋토	테-쇼쿠	모리이와세

어떤 맛을 드시겠어요? : 맛의 종류

메뉴에서 자주 보는 맛 표현

달다	맵다	아주 맵다	새콤하다/시다
甘(あま)い	**辛(から)い**	**激辛(げきから)**	**酸(す)っぱい**
아마이	카라이	게키카라	슷파이
진하다	담백하다	산뜻하다	새콤달콤하다
こってり	**あっさり**	**さっぱり**	**甘酸(あまず)っぱい**
콧테리	앗사리	삿파리	아마즛파이

그밖에 맛을 나타내는 표현

짜다	쓰다	싱겁다	기름지다/느끼하다
しょっぱい	**苦(にが)い**	**うすい**	**あぶらっこい**
숏파이	니가이	우스이	아부랏코이
짜다			
塩辛(しおから)い			
시오카라이			

그리고 어떤 맛이든 마음에 들었다면? 이렇게 외쳐주세요.

"오이시이데스~!"(おいしいです, 맛있어요!)

Hint 3.

음식명에 붙는 조리 용어

같은 재료라도 어떻게 조리하느냐에 따라 그 맛과 풍미가 완전히 달라지죠. 오늘은 어떻게 요리한 음식을 맛보러 갈까요? 메뉴판에 항상 등장하는 조리 용어를 정리해봤습니다.

굽다/구이	볶다/볶음	튀기다/튀김	무치다/무침
焼(や)く・焼(や)き	**炒(いた)める・炒(いた)め**	**揚(あ)げる・揚(あ)げ**	**和(あ)える・和(あ)え**
야쿠 · 야키	이타메루 · 이타메	아게루 · 아게	아에루 · 아에

삶다/삶은	푹 끓여 삶다/푹 끓여 삶은
茹(ゆ)でる・茹(ゆ)で	**煮込(にこ)む・煮込(にこ)み**
유데루 · 유데	니코무 · 니코미

(야채 등을) 섞어 밥 짓다/섞어 지은	불에 쬐어 굽다/불에 쬐어 구운
炊(た)き込(こ)む・炊(た)き込(こ)み	**炙(あぶ)る・炙(あぶ)り**
타키코무 · 타키코미	아부루 · 아부리

절이다/절임	찌다/찜	갈다/간	(양념을) 뿌리다/뿌린
漬(つ)ける・漬(つ)け	**蒸(む)す・蒸(む)し**	**おろす・おろし**	**かける・かけ**
츠케루 · 츠케	무스 · 무시	오로스 · 오로시	카케루 · 카케

※앞쪽은 동사형, 뒤쪽이 명사형입니다. 동글동글 타코야키에 왜 '야키'가 들어가는지, 일본의 대표 술안주인 닭튀김을 왜 카라'아게'라고 부르는지 아셨나요?

Hint 4.

소스와 양념

맛을 완성하는 결정적 한 방. 소스 한 방울, 양념 한 스푼으로 음식에 취향을 더해보세요. 입맛에 따라, 기분에 따라 솔솔솔~ 톡톡톡!

간장	소금	설탕	식초
しょうゆ **醤油**	しお **塩**	さとう **砂糖**	す **酢**
쇼-유	시오	사토-	스
후추	시치미※	이치미※	고춧가루
こしょう **胡椒**	しちみ **七味**	いちみ **一味**	とうがらし **唐辛子**
코쇼-	시치미	이치미	토-가라시
케첩	마요네즈	올리브오일	(우스타 · 돈가스) 소스
ケチャップ	**マヨネーズ**	**オリーブオイル**	**ソース**
케챳푸	마요네-즈	오리-브오이루	소-스
겨자	머스터드	참깨 소스	고추냉이
からし **辛子**	**マスタード**	**ゴマソース**	**わさび**
카라시	마스타-도	고마소-스	와사비

마늘 소스	유자 소스	고추기름	참기름
		ゆ	あぶら
にんにくソース	**ゆずソース**	**ラー油**	**ゴマ油**
닌니쿠소-스	유즈소-스	라-유	고마아부라

※시치미는 한자 그대로 일곱 가지 향신료가 들어가 있는 가루입니다. 고춧가루, 파래 가루, 산초, 깨, 마, 겨자, 진피 등으로 만드는 것이 보통이지만, 특정 재료를 다른 향신료로 대체할 수도 있어요. 뭔가 복잡미묘한 맛일 것 같다고요? 아마 우리나라 우동집에서도 먹어본 적이 있을지 모릅니다. 우동에 뿌려 먹는 고춧가루와 닮은 듯, 다른 그 양념이 바로 시치미거든요. 이치미는 숫자 '일'(一, 이치)에서 따온 이름에서 알 수 있듯이 오직 일본식 고춧가루만 들어 있는 것이랍니다.

Hint 5.

재료 읽기 : 육류

명색이 미식 여행인데 씹고, 뜯고, 맛보는 재미를 놓칠 수는 없겠죠. 기분 좋은 파티에는 고기! 기력이 떨어졌을 때는 고기! 결론은 언제나 고! 기!

☞ 고기의 부위별 이름은 p.154를 참고하세요.

돼지고기	소고기	닭고기	양고기/램
ぶたにく	ぎゅうにく	とりにく	ようにく
豚肉	**牛肉**	**鶏肉**	**羊肉・ラム**
부타니쿠	규-니쿠	토리니쿠	요-니쿠/라무
오리고기	햄	베이컨	소시지
かもにく			
鴨肉	**ハム**	**ベーコン**	**ソーセージ**
카모니쿠	하무	베-콘	소-세-지

Hint 6.

재료 읽기 : 해산물

식탁 위에 바다의 보물이 펼쳐지는 섬나라, 일본의 대표 미식은 해산물이죠. 살이 통통하게 오른 제철 생선부터, 짭조름하고 고소한 젓갈까지. 일본 밥상에 자주 올라오는 바다의 재료들을 모았습니다.

☞ 한자, 히라가나, 가타카나의 세 가지 표기법 중 메뉴에 가장 자주 쓰이는 것을 적었습니다. 둘 다 많이 쓰이는 경우는 함께 정리했지만 가게에 따라 조금씩 표기법이 다를 수 있으니 참고해주세요.

☞ 스시의 다양한 명칭은 p.106을 참고하세요.

생선	게	새우	바닷가재
さかな	かに	えび	
魚	**カニ(蟹)**	**エビ(海老)**	**ロブスター**
사카나	카니	에비	로브스타-

굴	오징어	낙지/문어	조개
			かい
カキ	**イカ**	**タコ**	**貝**
카키	이카	타코	카이

전복	가리비	장어	복어
アワビ	**ホタテ**	**うなぎ**	**フグ**
아와비	호타테	우나기	후구
고등어	꽁치	전갱이	멸치 등의 치어
さば			
サバ(鯖)	**さんま(秋刀魚)**	**アジ**	**しらす**
사바	산마	아지	시라스
미역	다시마	김	파래
	こんぶ	のり	あお
わかめ	**昆布**	**海苔**	**青のり**
와카메	콘부	노리	아오노리
연어알	날치알	명란젓	성게
		めんたいこ	
イクラ	**トビコ**	**タラコ・明太子**	**ウニ**
이쿠라	토비코	타라코 · 멘타이코	우니

Hint 7.

재료 읽기 : 채소

영양도, 맛도 듬뿍! 아삭아삭 싱싱한 채소도 빼놓을 수 없겠죠? 즐겨 먹는 종류가 우리나라와 비슷한 편이라 익숙한 재료들이 대부분일 겁니다. 입에 맞는 채소를 골라 안심하고 새로운 음식에 도전해보세요.

파	양파	시금치	콩나물/숙주나물
ねぎ	**玉(たま)ねぎ**	**ほうれん草(そう)**	**もやし**
네기	타마네기	호-렌소-	모야시
버섯	오이	당근	무
きのこ	**きゅうり**	**にんじん**	**大根(だいこん)**
키노코	큐-리	닌진	다이콘
가지	감자	고구마	마
なす	**ジャガイモ・ポテト**	**サツマイモ**	**やまいも**
나스	쟈가이모 · 포테토	사츠마이모	야마이모

단호박	부추	고추	피망
かぼちゃ	**にら**	**唐辛子**(とうがらし)	**ピーマン**
카보챠	니라	토-가라시	피-망
배추	양배추	양상추	우엉
白菜(はくさい)	**キャベツ**	**レタス**	**ごぼう**
하쿠사이	캬베츠	레타스	고보-
연근	죽순	마늘	콩
れんこん	**たけのこ**	**にんにく**	**豆**(まめ)
렌콘	타케노코	닌니쿠	마메
옥수수	아스파라거스	생강	셀러리
トウモロコシ	**アスパラガス**	**生姜**(しょうが)	**セロリ**
토-모로코시	아스파라가스	쇼-가	세로리

Hint 8.

재료 읽기 : 과일

새콤달콤 과일로 깔끔한 마무리를! 디저트 천국 일본에서는 과일이 들어간 다양한 '스위츠'를 만나볼 수 있답니다. 탱글탱글 과육과 향긋한 과일 향기에 빠져보세요.

사과	바나나	딸기	수박
りんご	**バナナ**	いちご **苺**	**スイカ**
링고	바나나	이치고	스이카
포도	토마토	멜론	복숭아
ぶどう	**トマト**	**メロン**	もも **桃・ピーチ**
부도-	토마토	메론	모모 · 피-치
오렌지	유자	자몽	라임
オレンジ	**ゆず**	**グレープフルーツ**	**ライム**
오렌지	유즈	그레-프후르-츠	라이므

패션프루트	매실	파인애플	감
パッションフルーツ	**梅**(うめ)	**パイナップル**	**柿**(かき)
팟숀후르-츠	우메	파이낫프루	카키
키위	아보카도	망고	석류
キウイ	**アボカド**	**マンゴ**	**ザクロ**
키우이	아보카도	망고	자쿠로
귤	자두	무화과	리치
みかん	**すもも・プラム**	**イチジク**	**ライチー**
미캉	스모모 · 프라므	이치지쿠	라이치-

Hint 9.

재료 읽기 : 그 밖의 재료들

두부	우유	치즈	달걀
とうふ	ぎゅうにゅう		たまご
豆腐	**牛乳・ミルク**	**チーズ**	**卵**
토-후	규-뉴- · 미루크	치-즈	타마고
버터	요거트	호두	아몬드
バター	**ヨーグルト**	**クルミ**	**アーモンド**
바타-	요-구르토	쿠루미	아-몬도
땅콩	피스타치오	쌀	팥
		こめ	あずき
ピーナッツ	**ピスタチオ**	**米**	**小豆**
피-낫츠	피스타치오	코메	아즈키
꿀	보리	현미	밀가루
はちみつ	むぎ	げんまい	こむぎこ
蜂蜜	**麦**	**玄米**	**小麦粉**
하치미츠	무기	겐마이	코무기코

이건 빼고 주세요!

언제나 새로운 음식에 도전하는 미식가에게도 피하고 싶은 맛이 있을 수 있죠. 한국인에게 다소 낯설게 느껴질 수 있는 대표적인 재료들을 아래 적어두었습니다. 혹시 먹지 못하는 재료가 들어가는지 확인하고 싶다면 "○○**가 하이리마스까**"(○○が入りますか)라고 묻고, 먹으려는 음식에 즐기지 않는 재료가 들어간다면 "○○**누키데 오네가이시마스**"(○○抜きでおねがいします, ○○는 빼주세요)라고 말해보세요.

고수	매실장아찌	일본식 깻잎	낫토
パクチー	**梅干し** (うめぼ)	**しそ**	**納豆** (なっとう)
파쿠치-	우메보시	시소	낫토-

이 밖에 개인적으로 피하고 싶은 재료가 있다면 미리 사전에서 검색해둡시다!

☞ ____________

Hint 10.

먹을 때 필요한 도구들

즐겁게 식사를 하다가 주변을 두리번거리며 누군가와 눈이 마주치길 기다리는 당신, 혹시 이거 필요하세요?

물	시원한 물	따뜻한 물	컵
みず **お水**	ひや **お冷**	ゆ **お湯**	**コップ**
오미즈	오히야	오유	콧푸
숟가락	젓가락	포크	나이프
スプーン	はし **箸**	**フォーク**	**ナイフ**
스푼-	하시	훠-크	나이후
앞접시	티슈	물수건	빨대
と　ざら **取り皿**	**ティッシュ**	**おしぼり**	**ストロー**
토리자라	팃슈	오시보리	스토로-

필요한 것이 있을 때는 "**스미마셍~**"이라는 말로 점원을 불러보세요.
그다음, 원하는 물건의 이름을 넣어 "○○, **오네가이시마스**"라고 말하면 됩니다. "스미마셍, 토리자라(앞접시) 오네가이시마스" 이렇게요. 그 밖에 소스나 양념이 필요할 때는 p.87을 참고하세요.

Part 2

Go

지금 먹으러 갑니다

Go

1

스시 먹으러 갑니다

일식 하면 제일 먼저 떠오르는 가장 세계적인 음식. 바로 **스시 すし** 아닐까요?
화려한 양념도, 특별한 장식도 없이 오직 신선한 재료와 잘 지은 밥, 그리고 장인의 손맛으로만 승부하는 단순하지만 흉내낼 수 없는 맛의 미학! 입에서 살살 녹는 바다의 향기와 장인의 손길을 만끽해봅시다.

스시 맛있게 먹는 법

스시를 사랑하는 사람들은 궁극의 맛을 즐기기 위한 자신만의 룰을 가지고 있는 경우가 많습니다. 먹는 순서나 간장을 찍는 방법에도 각자의 취향과 철학이 담겨 있죠. 저마다의 스타일이 있겠지만, 많은 일본인이 공통적으로 따르는 몇 가지 방법이 있습니다.

가장 일반적인 것은 **밥**(シャリ, 샤리) 부분이 아닌, 위에 얹어진 **재료**(ネタ, 네타)를 간장에 찍어 먹는 것입니다. 밥에 간장이 닿으면 밥알 사이로 간장이 순식간에 스며들어 짠맛이 강해지기 때문이죠. 밥을 덮은 네타의 양 끝, 살짝 길게 늘어져 있는 부분에 간장을 찍어서 드셔보세요!

여기서 잠깐. 혹시 간장을 종지에 따르자마자 와사비를 휘휘 풀어두셨나요? 일본에 가면 금방 알 수 있지만 이것은 한국인들의 특징이랍니다. 혹시 같은 종지에 담더라도 이 둘을 섞지는 않죠. 또, 셰프가 스시 안에 넣은 와사비의 양까지가 계산된 요리라고 생각해 와사비를 추가하는 것 자체를 삼가는 미식가들도 많다고 하네요.

먹는 순서는 **흰 살 생선 → 붉은 살 생선 → 등 푸른 생선 / 양념 생선 → 김말이 초밥 → 달걀 초밥**이 가장 이상적이라는 것이 고수들의 의견입니다. 그러나 이것은 어디까지나 일반론일 뿐! 내가 찍고 싶은 대로 찍고, 내가 먹고 싶은 순서대로 먹어서 내 입안이 행복해진다면야 그 이상의 미식이 있을까요?

스시 기본 메뉴 읽기

흰 살 생선

광어	도미	금눈돔	줄무늬 전갱이
平目(ひらめ)	**たい**	**きんめだい**	**しまあじ**
히라메	타이	킨메다이	시마아지

방어※	잿방어	농어	광어, 가오리 등의 지느러미
ブリ	**かんぱち**	**すずき**	**えんがわ**
부리	칸파치	스즈키	엔가와

※방어는 생선의 크기에 따라, 혹은 지역에 따라 다양한 이름을 가집니다. いなだ(이나다), はまち(하마치) 역시 방어를 뜻해요.

붉은 살 생선

참치 붉은 살	참치 중뱃살	참치 대뱃살
あかみ	ちゅう	おお
まぐろ(赤身)	**中とろ**	**大とろ**
마구로(아카미)	츄-토로	오-토로

다진 참치 + 파	날개다랑어 뱃살	가다랑어
ねぎとろ	**びんとろ**	**カツオ**
네기토로	빈토로	카츠오

등 푸른 생선

정어리	고등어	전갱이
いわし	**鯖(さば)**	**あじ**
이와시	사바	아지
전어	꽁치	학꽁치
こはだ	**秋刀魚(さんま)**	**さより**
코하다	산마	사요리

그 밖의 생선

연어	뱅어	장어	붕장어
サーモン	**しらうお**	**うなぎ**	**あなご**
사-몬	시라우오	우나기	아나고

새우 & 게

새우	단 새우	도화새우	게
えび	**甘(あま)えび**	**ぼたんえび**	**カニ**
에비	아마에비	보탄에비	카니

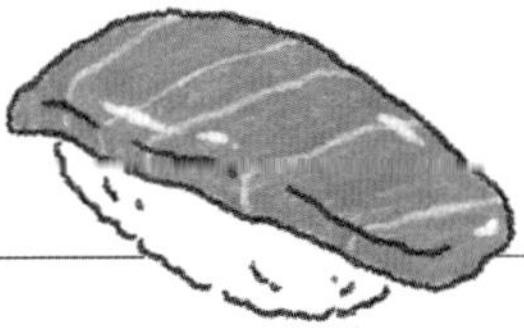

오징어 & 문어

오징어	갑오징어	한치
いか	**こういか**	**やりいか**
이카	코-이카	야리이카
꼴뚜기	오징어다리	문어
ほたるいか	**げそ**	**たこ**
호타루이카	게소	타코

조개류

가리비	피조개	새조개	고둥
ほたて	**赤貝**(あかがい)	**とり貝**(がい)	**つぶ貝**(がい)
호타테	아카가이	토리가이	츠부가이
북방(함박)조개	키조개	소라	전복
ほっき貝(がい)	**たいら貝**(がい)	**サザエ**	**あわび**
홋키가이	타이라가이	사자에	아와비

알 & 내장

연어알	성게알	청어알	게 내장
いくら	**うに**	**かずのこ**	**カニみそ**
이쿠라	우니	카즈노코	카니미소

마키류

참치마키	오이마키	낫토마키	박고지마키
鉄火巻(てっかまき)	**かっぱ巻**(まき)	**納豆巻**(なっとうまき)	**かんぴょう巻**(まき)
텟카마키	캇파마키	낫토-마키	칸표-마키

그 밖의 재료

달걀	샐러드	참치(캔)	유부초밥
たまご	**サラダ**	**ツナ**	**いなり**
타마고	사라다	츠나	이나리

기타

살짝 구운	(간장 등에) 절인	곁들여 먹는 초생강	곁들여 마시는 차
炙り(あぶ)	**漬け**(つ)	**がり**	**アガリ**
아부리	츠케	가리	아가리

스시의 종류

스시는 재료뿐 아니라 만드는 방법과 모양 등으로도 그 종류가 나뉩니다. 위에 소개한 대부분의 메뉴는 샤리를 한입 크기로 뭉쳐 그 위에 네타를 올려 먹는 **니기리즈시**(にぎりずし)입니다. 가장 널리 알려진 형태죠. 이 밖에도 밥을 펼쳐두고 그 위에 해산물과 채소, 달걀 등을 흩뿌리듯 얹어 먹는 **치라시즈시**(散らしずし), 네모난 틀에 샤리를 넣고 고등어, 아나고 등을 올린 다음 눌러 먹는 사각형 모양의 누름 초밥, **오시즈시**(押しずし) 등이 있습니다.

회전 스시

보는 재미, 고르는 재미를 즐기며 합리적인 가격으로 스시를 맛볼 수 있는 회전 스시. 눈으로 확인하고 스스로 집어먹을 수 있어 일본어가 익숙지 않은 여행자에게 여러모로 편리하죠. 하지만 앞의 메뉴를 더듬더듬 읽을 수 있다면 스시를 만들고 있는 **이타마에상**(板前さん, 스시 요리사)에게 따로 주문해볼 것을 권합니다. 같은 메뉴라도 그 자리에서 바로 만들어주는 스시가 맛있는 것은 당연지사! 이미 같은 메뉴가 회전 벨트 위에 올려져 있더라도 상관없습니다. 마법의 문장 "○○, **오네가이시마스**"를 써서 먹고 싶은 스시를 그때그때 주문해보세요.

혹시, 와사비를 못 드시는 분이라면 "○○, **와사비누키데 오네가이시마스**"(○○, わさび抜きでおねがいします。○○, 와사비 빼고 부탁합니다)라고 주문하면 됩니다.

바로 만든 스시를 먹고 싶기는 하지만 영 말을 걸 용기가 나지 않는다고요? 그렇다면 처음 자리에 앉을 때 이타마에상의 바로 옆쪽에 앉는 것도 요령입니다. 회전 방향을 고려해 셰프의 바로 옆쪽에 앉으면 새로 만든 것이 어느 접시인지 확인할 수 있고 가장 먼저 신선한 스시를 선택할 기회가 생깁니다. 마침 빈자리가 있어 자리를 선택할 수 있는 상황이라면 참고할 만하겠죠?

회전 스시 테이블에는 곁들여 먹는 생강절임과 간장 등이 놓여 있을 테고, 가루녹차나 녹차 팩이 컵과 함께 준비되어 자리에서 직접 타 마실 수 있게 되어 있는 곳도 있을 겁니다. 다만, 대부분의 경우 **미소시루**(味噌汁, 된장국)는 서비스가 아닌 주문 메뉴이니 참고하세요.

☞ 주의! 한 번 잡았던 접시를 다시 올려놓는 것은 실례이며, 그릇 위에 다른 그릇이 겹쳐 있는 메뉴를 선택했다면 그릇을 모두 가져와야 합니다.

오마카세

가성비와 편안함이 매력인 회전 스시도 좋지만, 모처럼의 미식 여행! 나를 위한 작은 사치를 누리고 싶다면 내공 넘치는 스시 장인들이 선보이는 코스 요리, **오마카세**(おまかせ, 셰프 특선 코스)를 맛봅시다.

오마카세란 '맡긴다'는 의미의 일본어로, 스시를 메인으로 한 음식이 코스로 제공됩니다. 가격대는 1인당 1만 엔~2만 엔 사이가 많으며 보통 런치가 디너보다 조금 저렴해요. 사시미, 튀김, 조림 등과 함께 다양한 스시가 나오고, 전채요리부터 디저트까지 정해진 코스 요리가 제공되는데, 이름 그대로 셰프에게 모든 것을 일임하는 것이므로 그날 어떤 음식이 나올지는 알 수 없습니다. 서프라이즈 선물을 기다리는 마음으로 두근두근 다음 요리를 기다렸다가 하나하나 맛을 음미하면 그뿐! 단, 오마카세 코스를 하는 곳 중에는 브레이크 타임이 있는 곳이 많고, 대부분 예약제로 이루어지니 여행 전 미리 가게를 알아보고 선배 미식 원정대의 후기를 참고해 예약해두도록 합시다.

Go

2

라멘 먹으러 갑니다

뜨끈뜨끈 넘어가는 진한 국물과 스르륵 빨려오는 촉촉한 생면의 완벽한 조화. 국내에도 현지의 맛을 표방한 **라멘 ラーメン** 맛집이 속속 등장하고 있지만 우린 아직도 본토의 맛이 궁금하고, 여전히 현지의 특별함을 기대합니다. 지방마다 자부심 넘치는 특별한 메뉴를 만날 수 있고, 큰 도시마다 줄 서 먹는 맛집들의 격전지가 형성되어 있는 일본의 또 다른 시그니처 푸드. 오늘은 라멘입니다.

지역별 개성이 강한 서민 음식

우리나라에 함흥냉면과 평양냉면이 있다면 일본에는 삿포로 라멘, 하카타 라멘, 키타카타 라멘이 있다?! 일본 서점의 취미 코너에 가면 별도의 섹션이 있을 정도로, 라멘에 대한 정보와 취향은 다양합니다. 일본 대표 라멘에 대한 의견 역시 분분하지만 삿포로, 하카타, 키타카타 라멘의 명성은 마니아들도 인정하고 있죠.

간장 베이스의 라멘은 후쿠시마의 키타카타가 맛있고 미소 라멘은 삿포로가, 톤코츠라멘은 큐슈의 하카타가 유명하다고 합니다. 이 밖에도 다양한 지역의 여러 브랜드가 각자의 개성을 살린 맛으로 사랑을 받고 있으며, 전통 깊은 유명 노포와 더불어 신흥 맛집들도 끊임없이 등장하고 있습니다. 이곳저곳을 여행하며 새로운 맛을 찾는 재미, 놓치지 마세요!

식권 발권기

라멘집에 들어가면 일단 주위를 둘러봅시다. 대부분의 라멘집은 입구에 식권 발권기가 놓여 있습니다. 그 가게만의 브랜드 라멘을 가지고 있는 곳들도 있지만 보통은 이 책에 실린 것만 알아도 메뉴 선택이 가능할 거예요. 토핑을 따로 추가할 수 있는 곳이 많고, 세트 메뉴가 있는 가게들도 있습니다. 메뉴 이름이 영 눈에 안 들어오거나, 어떤 것이 맛있을지 확신이 서지 않을 때는 '맨 위쪽 맨 처음' 메뉴에 도전하는 것도 요령입니다. 보통 제일 인기 있는 메뉴를 가장 먼저 소개

하거든요.

김치나 단무지를 곁들여 먹는 우리와 달리 일본의 라멘은 기본적으로 반찬 없이 먹는 한 그릇 음식이기 때문에 간이 센 편입니다. 우리 입맛에 국물이 조금 짤 수 있으니 참고하세요.

라멘의 사촌 & 라멘의 친구

매콤한 고추기름과 다진 고기, 고소한 땅콩 맛이 어우러지는 중국풍 얼큰 라멘 '**탄탄멘**'과 진한 양념 국물에 면을 찍어 먹는 '**츠케멘**' 역시 높은 인기를 구가하고 있습니다. 라멘 하면 함께 떠오르는 사이드 메뉴도 있는데요. 바로 일본식 군만두인 **교자**와 중국식 볶음밥, **챠항**입니다. 이 메뉴들을 라멘과 함께 세트로 구성해 파는 가게들도 많죠. 공깃밥을 파는 곳도 있는데, 국물에 말아 먹는 사람은 많지 않습니다. 라멘만으로 배가 차지 않는다면 한쪽은 바삭, 한쪽은 촉촉한 일본식 군만두와 고슬고슬 볶음밥으로 배부른 식사 한 끼 어떠세요?

라멘 기본 메뉴 읽기

라멘

소금 라멘	간장 라멘	된장 라멘	돼지뼈육수 라멘
塩(しお)ラーメン	**醤油(しょうゆ)ラーメン**	**味噌(みそ)ラーメン**	**豚骨(とんこつ)ラーメン**
시오라-멘	쇼-유라-멘	미소라-멘	톤코츠라-멘

토핑

양념 달걀	반숙 달걀	양념 돼지고기
味付(あじつ)けたまご	**半熟(はんじゅく)たまご**	**チャーシュー**
아지츠케타마고	한쥬쿠타마고	챠-슈-

숙주나물	죽순 절임	마늘
もやし	**メンマ**	**にんにく**
모야시	멘마	닌니쿠

파	김	스위트 콘
ねぎ	**のり**	**コーン**
네기	노리	콘-

기타 라멘류

일본식 탄탄면	찍어 먹는 라멘
担々麺(たんたんめん)	**つけ麺(めん)**
탄탄멘	츠케멘

대표 사이드 메뉴

일본식 군만두	중국식 볶음밥
ぎょうざ・ギョウザ	チャーハン
餃子	**炒飯**
교-자	챠-항

※ 라멘 사리를 추가하고 싶으면 **"카에다마, 오네가이시마스"**(替(え)玉、おねがいします。면 추가 부탁합니다)라고 하면 됩니다. 처음 주문할 때 곱빼기의 개념으로 식권 발권기에서 함께 시킬 수 있는 곳도 있어요.

가게마다 천차만별, 라멘의 옵션

모든 가게가 그런 것은 아니지만 간혹 면을 삶는 정도나 국물의 진하기 등을 옵션으로 선택할 수 있는 곳들이 있습니다. 가게마다 그 용어도 조금씩 다르지만 식권만 내면 별다른 질문 없이 음식이 나오는 곳도 많으니 긴장할 필요는 없습니다. 다만, 혹시라도 추가 질문을 받을 경우 아래의 표현을 참고해 대답해보세요.

더러는 종이에 표시해서 점원에게 전달하는 방식을 쓰는 곳도 있습니다. 만약 골라야 할 옵션이 많거나 질문이 복잡할 때는 **"젠부 후츠-데 오네가이시마스"**(全部普通でおねがいします。모든 옵션을 보통으로 해주세요)라고 말하는 것도 방법이겠죠?

내 입맛에 맞는 라멘 주문하기

면 삶는 정도

카타사(硬さ, 면을 익힌 정도)를 물으면?

잘 익혀 매우 부드러움	부드러움	보통	딱딱함	덜 익혀 꽤 딱딱함
やわ	やわ	ふつう	かた	かた
ばり柔	**柔らかめ**	**普通**	**硬め**	**ばり硬**
바리야와	야와(야와라카메)	후츠-	카타(카타메)	바리카타

기름의 양

질문에 아부라(油, 기름)라는 단어가 들어 있다면?

기름기 없이/빼고	조금	보통	기름기 많게
ぬ	すく	ふつう	おお
なし·抜き	**少なめ**	**普通**	**多め**
나시 · 누키	스쿠나메	후츠-	오-메

국물이 진한 정도

진하게	담백하게
こってり	**あっさり**
콧테리	앗사리

젠부 후츠-데
오네가이시마스 ^.^
!!

Go 3

소바 먹으러 갑니다

은은한 향과 담백한 맛, 독특한 식감의 기분 좋은 삼박자를 만끽하며 호로록! 장인 정신이 듬뿍 담긴 전문점부터 서민을 위한 부담 없는 가격의 체인점까지, 기분과 주머니 사정에 맞춰 다양하게 즐길 수 있는 대표적인 일본 전통의 맛. **소바 そば**를 먹으러 갑시다.

소바는 오랜 역사만큼 그 종류와 먹는 방식이 다양합니다. 메밀의 함유량에 따라 100% 메밀인 **쥬-와리소바**(혹은 토-와리소바十割そば)와 메밀 80%＋밀가루 20%의 **니하치소바**(二八そば)로 나누기도 하고, 올려진 토핑이나 장을 곁들여 먹는 방법, 먹는 온도 등에 따라 이름, 모양새, 맛이 달라지죠. 가게마다 그 종류는 각양각색이지만, 다음의 소바 종류만 알아두어도 큰 걱정은 없을 거예요.

소바 기본 메뉴 읽기

冷

차가운 소바

모리 소바 · 세이로 소바

盛(も)りそば·せいろそば

차가운 면을 소스에 찍어 먹는 가장 기본적인 소바. 과거에는 조리법과 담음새에 따라 세이로와 모리를 구별했다는데, 근래에는 거의 동일하게 쓰이고 있습니다.

자루 소바

ざるそば

세이로(모리) 소바에 김을 올린 것. 한국인에게 가장 익숙한 비주얼.

붓카케 소바

ぶっかけそば

소스를 면에 끼얹어서 나오는 소바

야마카케 소바 · 토로로 소바

山(やま)かけそば·とろろそば

마를 갈아 올려 먹는 소바

텐모리 · 텐세이로

天(てん)もり·天(てん)せいろ

세이로(모리)에 튀김을 올린 것. 텐(天) 혹은 텐푸라(天ぷら)가 쓰여 있으면 튀김이 올라가 있다고 보면 됩니다.

温

따뜻한 소바

카케 소바

かけそば

따뜻한 국물과 먹는 기본 소바. 특별한 토핑이 없는 경우가 대부분입니다.

키츠네 소바

きつねそば

양념 된 유부를 얹은 소바

타누키 소바

たぬきそば

튀김 부스러기를 얹은 소바

카키아게 소바

かき揚(あ)げそば

일본식 채소튀김을 얹어 먹는 소바

츠키미 소바

月見(つきみ)そば

달걀노른자가 올려져 있는 소바. 동그랗고 노란 노른자가 달과 같다 하여
달맞이(츠키미)라는 귀여운 이름이 붙었답니다.

오카메 소바

おかめそば

어묵, 버섯, 유부, 김 등 다양한 토핑이 올려진 소바

카모난방 소바

鴨南蛮(かもなんばん)そば

오리고기와 대파가 들어간 소바

토리난방 소바

鶏南蛮(とりなんばん)そば

닭고기와 대파가 들어간 소바

☞ '모리'나 '세이로'라는 단어가 들어 있으면 차가운 소바지만, 토로로 소바, 텐푸라 소바처럼 '소바'라고만 나와 있으면 냉소바와 온소바가 있을 수 있습니다.
메뉴에서 차갑다는 의미의 츠메타이/히야시(冷たい、つめたい/冷、冷し、ひやし)라는 글자나, 따뜻하다는 의미의 아타타카이(温、温かい、あたたかい)라는 글자가 있는지 찾아보세요.
그마저도 보이지 않을 때는 용기 내어 물어보는 거죠! "고레와 츠메타이데스까, 아타타카이데스까?"(これは冷たいですか、温かいですか。이건 차갑습니까, 따뜻합니까?)

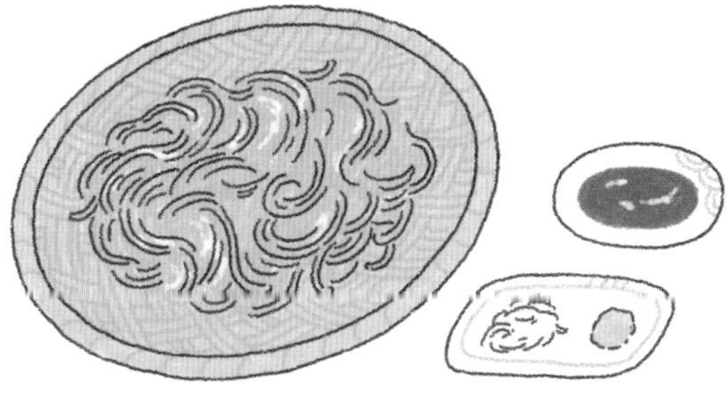

소바의 소스

츠유(つゆ)는 소바를 찍어 먹는 장을 말합니다. 붓카케의 경우에는 이 츠유가 처음부터 끼얹어져서 나오죠. 주로 와사비와 파가 곁들여 나옵니다. 카츠오부시와 다시마 등으로 육수를 내는 것이 일반적이지만 떡볶이집의 양념 맛이 모두 다르듯, 소바집의 츠유 맛도 모두 다릅니다. 그러나 현지에서 맛보는 츠유는 대부분 한국에서 먹던 것보다 조금 짤 거예요. 짜게 느껴지는 분들은 면의 끝부분만 살짝 담가 드셔보세요! 매콤한 맛으로 포인트를 주고 싶다면 앞서 소개한 시치미(七味) 혹은 이치미(一味)를 살짝 뿌려보는 것도 좋습니다.

타치구이 소바

일본에서는 서서 먹는 소바, 즉 타치구이 소바(立ち食いそば) 가게들을 종종 볼 수 있습니다. 타치구이라고 쓰여 있지만 좌석이 있는 경우도 있어요. 특히 지하철역 근처에서 자주 보게 되는데요, 바쁜 생활 속에 잠깐 짬을 내 배를 채우기 좋은 메뉴이기 때문이겠죠. 타치구이 소바집 중에는 식권을 사용하는 곳이 꽤 있으니 입장 시 주변을 한 번 둘러봐주는 센스! 저렴한 가격으로 현지인 느낌 물씬 나는 미식 체험을 해보고 싶은 분들께 추천합니다.

토시코시 소바

토시코시 소바(年越しそば)는 우리말로 '해넘이 국수'라는 뜻입니다. 일본에는 12월 31일에 소바를 먹으면서 한 해를 마무리하는 풍습이 있어요. 지난해의 불행을 마치 메밀 면을 끊듯이 끊어버리고 새로운 해를 맞이하자는 뜻과 장수를 기원하는 의미가 담겨 있다고 하네요. 일 년의 마지막 밤, 소바를 먹으며 한 해 동안 사랑받은 가수들이 총출동하는 국민 방송 〈홍백가합전(紅白歌合戦)〉을 보는 모습은 익숙한 풍경입니다. 우리나라에 『우동 한 그릇』이라는 이름으로 소개되었던 일본 소설 속 음식이 실은 우동이 아니라 토시코시 소바였다는 사실도 이제는 많이 알려져 있죠.

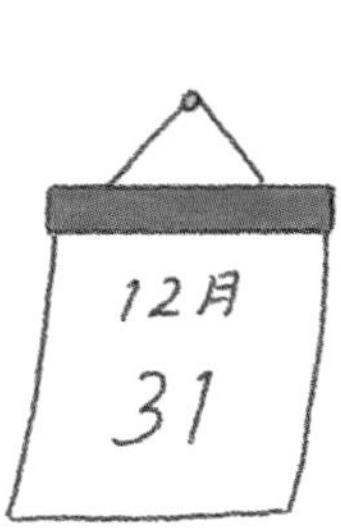

Go

4

우동 먹으러 갑니다

오직 기본기의 충실함이 맛을 결정짓는 고수들의 진검승부. 탱글탱글 씹히는 면과 시원한 국물이 자꾸만 입맛을 당기는 **우동 うどん** 역시 놓칠 수 없는 메뉴입니다. 요즘은 우리나라에도 수준 높은 일본식 우동을 선보이는 가게들이 많아졌는데요. 그런 곳에서는 현지의 메뉴 이름을 그대로 쓰는 경우가 많으니 일본식 명칭을 알아두시면 국내 우동 맛집 탐방에도 도움이 되실 거예요. 물론, 기회가 된다면 본고장의 전통이 고스란히 느껴지는 현지의 우동을 꼭 한번 경험해봐야겠죠.

지역별 우동

일본을 동서로 나눠 동쪽을 칸토-(関東, 관동지방), 서쪽을 칸사이(関西, 관서지방)라고 부릅니다. 도쿄가 관동의 대표 도시이고, 오사카가 관서의 대표 도시죠. 두 지방의 우동은 차이가 있는데 일반적으로 관동의 국물 색이 진하고, 관서의 국물이 조금 더 맑은 빛을 띱니다. 꼭 그런 것은 아니지만 관동은 카츠오부시로 낸 육수를, 관서는 다시마와 멸치로 우린 국물을 선호한다고 하네요. 동서를 막론하고 가장 인기가 있는 우동은 카가와 현의 명물 사누키 우동(讃岐うどん, さぬきうどん)으로, 매끈하고 쫄깃한 면발이 특징입니다. 국내에 소개된 일본식 우동 중에도 사누키 스타일이 많다고 하네요. 이 밖에도 아키타 현의 이나니와 우동, 군마 현의 미즈사와 우동이 명물로 손꼽힙니다.

우동 기본 메뉴 읽기

카케 우동

かけうどん

가장 기본적인 우동.
최소한의 고명이 얹어져 있습니다.

키츠네 우동

きつねうどん

양념 유부를
얹은 우동

붓카케 우동

ぶっかけうどん

국물을 자작하게 끼얹은 우동

타누키 우동

たぬきうどん

튀김 부스러기를 얹은 우동

니쿠 우동

にく
肉うどん

고기 고명을 얹은 우동

텐푸라 우동

てん
天ぷらうどん

튀김을 올려 먹는 우동

네기 우동

ネギうどん

파를 듬뿍
얹은 우동

카마아게 우동

かまあ
釜揚げうどん

면수와 함께 나오는 면을
간장 베이스 소스에 찍어 먹는 우동

와카메 우동

わかめうどん

미역 고명을 얹은 우동

카마타마 우동

かまたま
釜玉うどん

국물 없는 우동에 날달걀, 파,
깨 등을 비벼 먹는 우동

니코미 우동

煮込(にこ)みうどん

면과 야채 등의 재료를 졸이듯 삶은 우동.
된장으로 졸인 '미소니코미 우동' 등이 있습니다.

카모난방 우동

鴨南蛮(かもなんばん)うどん

오리고기와 대파가 들어간 우동

츠키미 우동

月見(つきみ)うどん

달걀노른자를 올려 먹는 우동

카레- 우동

カレーうどん

카레 베이스의 우동

자루 우동

ざるうどん

차가운 면을 소스에 찍어 먹는 우동.
쫄깃한 면의 식감을 제대로 느낄 수 있습니다.

우동 체인점의 카운터에서 주문하기

다른 음식점처럼 자리에 앉은 뒤 주문하거나 식권 발권기를 사용하는 가게들도 있지만, 유명 우동 체인점 중에는 바 형식의 카운터에서 주문을 하는 곳도 있습니다. 이런 가게에서는 '**메인 메뉴 주문 → 사이드 메뉴 추가 → 선불 결제**'의 순서로 주문이 진행됩니다. 조금 낯설 수 있지만 당황하지 마세요. 다음의 순서대로 따라하면 어렵지 않습니다.

먼저, 카운터에 줄을 서기 전에 메뉴판을 보고 먹고 싶은 메뉴와 사이즈를 정해주세요. 마음의 결정을 했으면 카운터 초입에 놓인 쟁반을 들고, 안쪽에 서 있는 조리사에게 메뉴 이름과 사이즈를 말합니다. "**카케 우동, 쇼-**"(かけうどん、小。카케 우동 작은 사이즈) 이렇게요. 잊지 않으셨다면 뒤에 마법의 문장, '오네가이시마스'를 붙이고 사이즈는 다음 페이지의 표를 참고하면 됩니다. 만약 차가운 우동과 따뜻한 우동을 고를 수 있는 메뉴에서 차가운 쪽을 선택하려면 '츠메타이'를 앞에 붙이세요. "**츠메타이 붓카케 우동, 나미**"(冷たいぶっかけうどん、並。차가운 붓카케 우동, 보통 사이즈). 이 단계만 지나면 주문에 일본어를 쓸 일은 거의 없습니다. 가벼운 감사 인사 정도만 해주시면 되죠.

주문 후, 쟁반을 앞에 올려놓고 조금 기다리면 음식을 쟁반 위에 놓아줄 겁니다. 그다음부터는 앞사람을 따라 조금씩 옆으로 가면서 추가하고 싶은 음식을 직접 담으면 됩니다. 주로 튀김, 주먹밥, 음료 등의 사이드 메뉴가 준비되어 있고, 필요한 접시와 집게도 잘 보이는 곳에 놓여 있을 거예요. 딱히 추가할 생각이 없다면? 그냥 지나가면 됩니다.

그렇게 가다 보면 카운터의 마지막 부분에 계산대가 나옵니다. 계산 담당 점원이 쟁반을 보고 알아서 최종 금액을 계산해줄 테니, 모니터에 찍혀 있는 금액을 지불하세요. 계산을 마친 뒤 수저, 물, 생강, 파, 와사비, 튀김 부스러기 등 필요한 것을 챙겨 빈자리에 앉으면 됩니다. 글로 보면 괜스레 어렵고 복잡해 보이지만, 실제로 해보면 생각보다 쉽고 간단한 과정이에요. 앞사람을 잘 보고 따라해보세요. 재미있는 경험이 될 겁니다.

우동 체인점에서 사이즈 선택하기

소	중/보통	대	특대
しょう **小**	ちゅう·なみ **中·並**	だい **大**	とく **特**

Go

5

돈부리 먹으러 갑니다

오목한 그릇에 소복하게 담은 고슬고슬한 쌀밥 위에 갖가지 재료를 올려 먹는 든든한 덮밥. 잘 지은 밥과 하나의 요리만으로도 이토록 꽉 찬 맛을 낼 수 있다니! **돈부리 どんぶり**를 '소우주'로 표현한 어느 음식 만화가 떠오릅니다. 자 그럼, 한 그릇에 꾹꾹 눌러 담은 풍미를 입안 가득 느끼며 '밥심'을 충전해볼까요?

돈부리 즐기기

현지에서 돈부리를 먹을 때 살짝 당황스러울 수 있는 포인트가 있습니다. 첫째, 밥을 먹는데 숟가락이 안 나온다는 점. 둘째, 그릇을 손으로 들고 먹는다는 점이죠. 테이블에 숟가락이 구비되어 있는 가게도 있기는 합니다. 그러나 현지인들 대부분은 젓가락으로 먹죠. 그러다 보니 자연스럽게 그릇을 들고 먹게 됩니다. 실제로 그릇 자체가 사기그릇보다 훨씬 가볍고 스테인리스 그릇보다 뜨겁지 않아, 들고 먹는 데 불편함이 없어요.

먹을 때는 밥과 위에 얹어진 재료를 비비지 않고 그대로 먹는 것이 좋습니다. 우리나라의 비빔 요리에 익숙한 분들은 습관적으로 쓱쓱 비비게 되는데요, 돈부리는 어디까지나 일본의 음식! 태생 자체가 비벼 먹기 위해 만들어진 요리가 아닙니다. 건더기 외에 양념이나 소스가 들어가는 경우 밥에 잘 스며들도록 뿌려져 있고, 덮밥 특징상 재료들이 넓게 펼쳐져 있기 때문에 한입씩 떠먹을 때 더 온전한 맛을 느낄 수 있답니다.

돈부리의 이름에 얽힌 이야기들

돈부리를 좋아하는 미식가 여러분은 '오야코동'의 의미에 대해 한 번쯤 들어본 적이 있을 텐데요. 닭과 달걀로 만든 덮밥이라서 일본어로 부모와 자식을 뜻하는 오야코(親子、おやこ)라는 이름이 붙었다고 하죠. 오야코동만큼 유명하지는 않지만 반대 버전인 '타닌동'도 있습니다. 타닌(他人、たにん)은 우리말로 '타인, 남'이라는 뜻으로, 소고기 혹은 돼지고기에 계란을 같이 넣어 만든 것을 뜻합니다. 해산물 버전으로는 연어와 연어 알을 같이 얹은 사케오야코동도 있습니다.

'텟카동'(鉄火丼、てっかどん)이라는 돈부리의 이름도 재미있습니다. 텟카란 '새빨갛게 달군 쇠'를 뜻하는 단어로, 참치회의 '붉은 살'을 올린 덮밥을 부를 때 씁니다. 이와 달리 참치회 덮밥의 통칭인 '마구로동'(マグロ丼、まぐろどん)은 붉은 살이 아닌 부위도 재료로 쓸 수 있죠.

발음 때문에 흥미로운 풍습이 생긴 메뉴도 있는데요, 바로 일본식 돈가스 덮밥 **'카츠동'**(カツ丼、かつどん)입니다. 일본인들은 중요한 시험이나 승부 등을 앞두고 이 카츠동을 찾는다고 하죠. 마치 우리가 중요한 시험 전에 찹쌀떡이나 엿을 먹듯이 말입니다. 이 음식 이름이 일본어로 '승리한다'는 뜻을 가진 단어 勝つ(かつ, 카츠)와 발음이 같기 때문입니다. 정작 승부의 날에 먹기에는 다소 부담스러운 메뉴라는 점이 재미있는 모순이기도 하지만, 언젠가 중요한 일을 앞두고 마음을 다질 때 상징적인 의미를 떠올리며 한 그릇 먹어보는 것도 특별한 경험이 되지 않을까요?

돈부리 기본 메뉴 읽기

쇠고기 덮밥	돼지고기 덮밥	돈가스 덮밥
牛丼(ぎゅうどん)	豚丼(ぶたどん)	カツ丼(どん)
규-동	부타동	카츠동
닭고기+달걀 덮밥	쇠고기/돼지고기+달걀 덮밥	튀김 덮밥
親子丼(おやこどん)	他人丼(たにんどん)	天丼(てんどん)
오야코동	타닌동	텐동
해산물 덮밥	참치회 덮밥	참치회 붉은살 덮밥
海鮮丼(かいせんどん)	マグロ丼(どん)	鉄火丼(てっかどん)
카이센동	마구로동	텟카동
연어 덮밥	연어알 덮밥	연어+연어알 덮밥
鮭丼(さけどん)	イクラ丼(どん)	鮭親子丼(さけおやこどん)
사케동	이쿠라동	사케오야코동
생멸치 덮밥	장어 덮밥	중화 덮밥
しらす丼(どん)	うな丼(どん)	中華丼(ちゅうかどん)
시라스동	우나동	츄-카동

☞ 연어를 뜻하는 사케(さけ)는 샤케(しゃけ)로 표기 및 발음을 하는 일도 많습니다. 참고하세요!

Go

6

정식 먹으러 갑니다

우리에게 가정식 백반이 있다면, 일본에는 **정식 定食**(테-쇼쿠)이 있습니다. 메인 메뉴 한 가지와 함께 국물이나 샐러드, 반찬 등이 곁들여 나오는 단출하지만 알찬 한 차림! 이것저것 조금씩 고루 먹는 식사에 익숙한 우리에게 제일 친숙한 느낌을 주는 스타일이기도 한데요. 여행 중 따뜻한 집밥이 그리워진다면 동네의 아담한 정식집에 한번 들러보는 것이 어떨까요?

오늘의 메뉴

'오늘의 백반'처럼 일본의 정식 가게에도 데일리 메뉴가 있는 경우가 많습니다. **히가와리 테-쇼쿠**(日替わり定食, 매일 바뀌는 정식)가 바로 그것인데요, 결정 장애의 순간이 오거나 메뉴를 고민하고 싶지 않다면 이 히가와리 메뉴를 주문하면 됩니다.

실제로 한곳에 오래 머무는 여행가 중에는 마음에 드는 정식집 하나를 골라 매일 다른 메뉴를 맛보는 '고독한 미식 프로젝트'를 진행하는 사람도 있다고 하죠. 현지인의 분위기를 느끼며 일상적이고 편안한 한 끼를 하기에 정식만큼 좋은 메뉴도 없습니다. 곁들임 음식도 다양해 비교적 균형 있게 영양을 섭취할 수 있고, 가성비도 대체로 괜찮은 편입니다. 다만, 데일리 메뉴는 런치 타임에만 가능한 곳도 있다는 점, 기억하세요!

정식 기본 메뉴 읽기

고등어 된장조림 정식	임연수구이 정식	연어구이 정식
みそ	や	やきさけ
サバ味噌定食	**焼きホッケ定食**	**焼鮭定食**
사바미소테-쇼쿠	야키홋케테-쇼쿠	야키사케테-쇼쿠
닭튀김 정식	돼지고기 생강구이 정식	일본식 고기구이 정식
からあ	しょうが や	やきにく
唐揚げ定食	**生姜焼き定食**	**焼肉定食**
카라아게테-쇼쿠	쇼-가야키테-쇼쿠	야키니쿠테-쇼쿠
소스 양념 닭튀김 정식※	함박스테이크 정식	돈가스 정식
なんばん		
チキン南蛮定食	**ハンバーグ定食**	**とんかつ定食**
치킨난방테-쇼쿠	함바-그테-쇼쿠	톤카츠테-쇼쿠

※새콤하게 양념한 후 타르타르소스를 곁들입니다.

사시미 정식	채소볶음 정식	튀김 정식
さしみ	やさい いた	てん
刺身定食	**野菜炒め定食**	**天ぷら定食**
사시미테-쇼쿠	야사이이타메테-쇼쿠	텐푸라테-쇼쿠

언제 어디서나 맛볼 수 있는 규동 체인점의 아침 정식

일본에는 동네마다 쉽게 찾을 수 있는 대형 규동 체인점들이 몇 개 있는데요. 대부분의 가게들이 아침 시간 한정으로 간단한 정식 요리를 제공합니다. 밥의 양이나 반찬 종류에 따라 가격의 차이는 있지만 밥, 국, 반찬까지 포함해 우리 돈 4,000~6,000원이라는 저렴한 가격으로 아침 식사를 해결할 수 있답니다.

브랜드와 계절에 따라 다르지만 베이컨 에그, 연어, 고등어, 낫토, 양념구이 고기 등이 메인으로 나오는 정식 메뉴를 공통적으로 만나볼 수 있습니다. 이런 체인점들은 24시간 영업을 기본으로 하기 때문에 새벽 4~5시부터 아침 메뉴 판매를 시작하고, 대부분 오전 11시까지 주문이 가능합니다(정확한 내용은 현지 가게의 영업 시간을 확인하세요). 하루를 빨리 시작하고 싶은 날이나 500엔짜리 동전 하나로 제대로 된 아침밥을 먹고 싶은 날에 한번 이용해보세요.

Go

7

일본식 라이스 먹으러 갑니다

밥을 메인으로 한 일본 요리에서 빼놓을 수 없는 것. 바로 일본식 **라이스 ライス** 3형제입니다. 현지인들에게는 더없이 친숙하고 일상적인 음식이죠.
메이지 시대에 본격적으로 서양 요리가 유입되면서 다양한 음식들이 일본인의 기호에 맞춰 현지화되었는데요. 카레라이스, 하야시라이스, 오므라이스는 모두 발상지는 따로 있지만 쌀을 주식으로 하는 일본의 식문화에 맞춰 변형 및 응용된 요리들입니다. 낯설지 않은 이름들이죠? 익숙한 듯 새로운 그 맛. 미식가 여러분이 생각하는 최고의 일본식 라이스는 무엇인가요?

카레라이스

일본에서 엄마표 음식을 이야기할 때 빠지지 않는 메뉴 중 하나가 카레라이스(カレーライス)입니다. 인도 음식인 카레가 대표 가정식이라니 조금 의아할 수도 있지만 사실 일본식으로 변형된 카레라이스는 재창조된 또 다른 메뉴로 보는 것이 맞습니다. 워낙 자주 먹는 음식이기도 하고, 오랫동안 사랑받아온 인기 급식 메뉴라 카레에 대한 일본인들의 친근함은 아주 각별한데요. 카레 우동, 카레 빵 등 카레 베이스의 다양한 메뉴들이 꾸준한 인기를 얻고 있고, 1월 22일 '카레의 날'도 있을 정도랍니다.

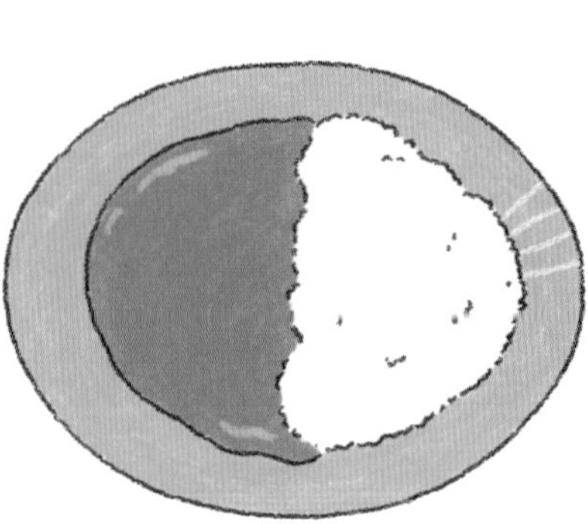

쇠고기 카레	돼지고기 카레	닭고기 카레	시푸드 카레
ビーフカレー	**ポークカレー**	**チキンカレー**	**シーフードカレー**
비-후카레-	포-크카레-	치킨카레-	시-후-도카레-
채소 카레	돈가스 카레	드라이 카레※	수프처럼 묽은 카레
野菜(やさい)カレー	**カツカレー**	**ドライカレー**	**スープカレー**
야사이카레-	카츠카레-	도라이카레-	스-프카레-

※주로 카레 양념을 한 다진 고기를 얹어 먹습니다.

일본에는 카레 체인점도 여럿 있는데 토핑, 밥의 양, 매운맛의 정도를 조절할 수 있는 곳들이 많습니다. 토핑용 재료와 밥의 양은 <Ready 6>에서 소개한 단어들을 참고하고, 매운 정도를 선택할 수 있는 곳이라면 아래의 선택지 중에 골라보세요. 이런 단어를 쓰지 않고 **1辛, 2辛**처럼 숫자를 고르는 가게도 있습니다. 숫자가 커질수록 매운맛입니다.

단맛	보통/중간맛	매운맛
甘口(あまくち)	**普通(ふつう)·中辛(ちゅうから)**	**辛口(からくち)**
아마쿠치	후츠-·츄-카라	카라쿠치

하야시라이스

하야시라이스(ハヤシライス)라고 하면 낯설게 느껴지겠지만 우리가 하이라이스라고 부르는 음식의 원래 이름입니다. 일부 관서 지방에서는 '하이시라이스' 혹은 '하이라이'라고 부르는 곳도 있다고 하네요. 일반적으로 얇게 썬 쇠고기를 양파 등의 야채와 볶은 다음 토마토 소스나 데미그라스 소스를 넣고 끓인 것을 밥과 함께 먹는 요리를 뜻합니다. 서양 요리인 Hashed Beef를 일본풍으로 바꾼 요리로 알려져 있으며, 하야시라는 이름이 붙게 된 연유에 대해서는 다양한 설이 존재한다고 하네요. 인스턴트로만 맛보던 하이라이스, 아니 하야시라이스의 진짜 맛을 본토에서 확인해보세요.

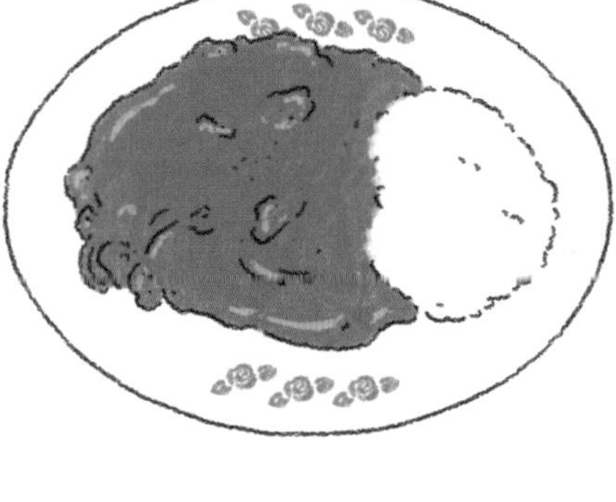

오므라이스

보들보들 도톰한 달걀로 밥을 감싼, 보기도 좋고 맛도 좋은 요리, 오므라이스(オムライス)입니다. 프랑스 요리 오믈렛과 라이스의 조합으로, 우리나라 아이들도 참 좋아하는 음식이죠. 일본식 서양 요리의 대표 메뉴여서 드라마와 만화 등에도 자주 등장합니다. 보통은 케첩으로 맛을 낸 볶음밥이나 치킨라이스를 사용하지만 밥의 종류와 오믈렛의 스타일 등은 아주 다채롭습니다. 집에서도 쉽게 만들어 먹을 수 있는 음식인 만큼 어느 가게에서 먹어도 실패할 확률이 낮은 메뉴 중 하나죠. 현지의 전통 있는 전문점이라면 우리가 분식집에서 먹던 오므라이스와는 비교할 수 없는 부드러운 식감과 깊은 풍미를 맛볼 수 있을 거예요.

Go

8

패밀리 레스토랑에 갑니다

일본까지 가서 **패밀리 레스토랑ファミリーレストラン**이라니? 아마 계획을 세울 때 생각조차 안 해본 메뉴가 아닐까 싶은데요. 여행자에게 딱 맞는 일본 패밀리 레스토랑의 장점을 알고 나면 꼭 한 번 들러보고 싶어질 겁니다. 딱히 눈에 띄는 맛집을 찾지 못했거나 이거다 싶은 메뉴가 떠오르지 않을 때는 폭넓은 메뉴와 안락한 분위기, 기본적인 맛과 서비스가 보장되는 패밀리 레스토랑이 괜찮은 대안이 될 수 있죠.

별생각 없이 들어가기엔 조금 부담스럽지 않냐고요? No! 일본의 패밀리 레스토랑은 분위기와 시스템이 우리와 조금 다르답니다. 자, 그럼 비슷한 듯 전혀 다른 일본의 패밀리 레스토랑에 대해 살짝 알아보고 갈까요?

우리나라와 다른 일본 패밀리 레스토랑의 특징

패밀리 레스토랑(Family Restaurant)은 일본식 영어입니다. 이 표현을 우리가 생각하는 뜻으로 쓰는 나라는 일본과 우리나라 정도라고 하죠. 일본 현지에서는 줄여서 **화미레스**(ファミレス)라고 부르는 것이 일반적입니다. 글로벌 브랜드 중심의 우리나라와 달리 다양한 자국 브랜드를 가지고 있는 일본 화미레스, 과연 어떤 특징을 가지고 있을까요?

하나, 저렴한 가격

최근 선택의 폭이 넓어지기는 했지만, 원래 우리나라의 패밀리 레스토랑은 이국적이고 고급스러운 이미지를 강조하는 경우가 많죠. 이에 반해 일본의 화미레스는 누구나 가볍게 즐길 수 있는 대중식당의 느낌이 강합니다. 스테이크나 파스타 등 대표 메뉴는 비슷하지만, 일본 화미레스 브랜드는 저렴한 곳이 많아 데일리 식단으로도 큰 부담이 없을 정도랍니다.

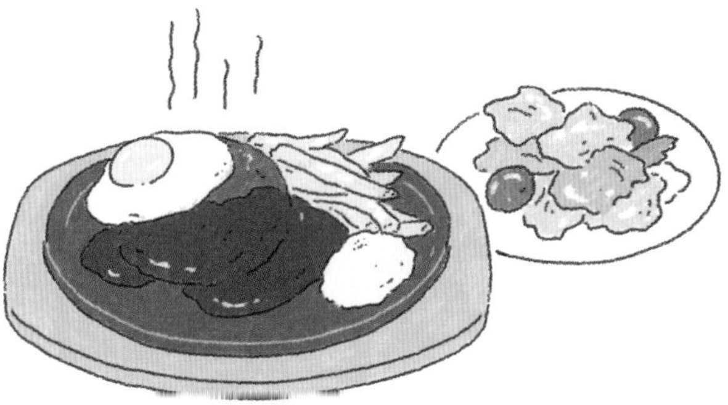

둘, 혼밥족도 문제없다

우리나라에서는 혼밥 초고수의 영역으로 여겨지는 패밀리 레스토랑. 하지만 일본 화미레스 브랜드는 가격이 저렴하고 분위기도 편하기 때문에 혼자 식사하거나 음료를 즐기는 사람이 아주 많습니다. 한 사람이 식사하기 딱 좋은 좌석들이 따로 있는 경우도 많고요. 그러니 혼자 여행한다고 해서 망설일 필요는 없답니다. 당당히 들어가 **"히토리데스!"**(ひとりです。한 명입니다)라고 말해보세요.

셋, 24시간 레스토랑?

늦은 밤 패밀리 레스토랑에서 야식을 먹는 모습, 상상해보셨나요? 일본에는 24시간 영업을 하는 곳도 적지 않고, 새벽 오픈을 하지 않더라도 심야까지 영업하는 경우가 대부분입니다. 그러다 보니 밤늦게까지 일이나 공부를 하며 먹고 마시는 사람들, 대중교통이 끊긴 시간에 첫차를 기다리며 밤새 이야기를 나누는 사람들도 쉽게 찾아볼 수 있어요. 우리와는 정말 다른 분위기죠? 다만, 유동 인구가 많은 중심가의 일부 매장은 자리 회전을 위해 시간제한을 두는 곳도 있고, 10시쯤을 전후해서 심야 요금이 적용되어 가격이 조금 올라가는 것이 일반적이니 참고해주세요.

넷, 무한리필 드링크 바

긴 시간 마음 편히 앉아 있을 수 있는 이유 중 하나가 '드링크 바' 시스템입니다. 일본 자국 브랜드의 매장 중에는 5,000원 정도의 금액으로 따뜻한 차와 다양한 소프트 드링크를 무한리필해 마실 수 있는 드링크 바 메뉴를 제공하는 곳이 많습니다. 다른 음식과 함께 세트로 주문하면 한층 더 저렴하게 즐길 수 있고요. 눈치 보지 않고 다양한 음료를 맛보고 싶을 때 이용해보세요.

패밀리 레스토랑의 기본 메뉴 읽기

함박스테이크	스테이크	파스타
ハンバーグ	**ステーキ**	**パスタ**
함바-그	스테-키	파스타
샐러드	수프	피자
サラダ	**スープ**	**ピザ**
사라다	스-프	피자
도리아	그라탕	세트 메뉴
ドリア	**グラタン**	**セット**
도리아	그라탕	셋토
사이드 메뉴	디저트	드링크 바
サイド	**デザート**	**ドリンクバー**
사이도	데자-토	도링크바-

화미레스의 메뉴 이름은 그야말로 제각각이지만, 걱정할 필요는 없습니다. 대부분 메뉴판에 사진이 자세히 나와 있거든요. 사진을 적극 활용하시고 위의 단어들로 음식 종류를 구분해 주문해보세요.

Go

9

야키니쿠 먹으러 갑니다

면과 밥만 열심히 먹다 보니 슬슬 고기 생각이 납니다. 여럿이 둘러앉아 다 같이 구워 먹는 한국식과 달리 조그마한 화로에 고기를 하나하나 올려 입맛에 맞게 구워 먹는 일본식 고기구이. 이 부위 저 부위 조금씩 맛보는 재미가 있는 **야키니쿠燒肉**를 먹으며 체력 회복 한번 해볼까요?

골라 먹는 재미

자리에 앉자마자 "3인분에 소주 한 병요!"를 외치는 우리의 고깃집과 달리 일본의 야키니쿠는 여러 종류의 고기를 조금씩 구워 먹는 것이 일반적입니다. 여러 가지를 여러 번에 걸쳐 주문하게 되죠. 덩어리째 구워 가위로 쓱쓱 잘라 먹는 것이 우리 식이라면, 한입 크기로 나오는 고기를 한 점씩 스스로 구워 먹는 것이 보편적인 일본 스타일입니다. 외국인들에게는 음식을 가위로 자르는 것 자체가 신기한 일이라고 하네요. 고기를 쌈에 싸 먹는 것도 우리 특유의 식습관이죠. 하지만 야키니쿠 문화는 우리의 영향을 많이 받았기 때문에 한국식 용어나 스타일이 여기저기 묻어나오는 음식점도 드물지 않게 만나볼 수 있습니다.

양념 따라 즐기는 맛

야키니쿠집의 메뉴판을 보면 비슷한 메뉴가 두세 가지 버전으로 쓰여 있는 경우가 많습니다. 한 메뉴 옆에 괄호를 치고 선택 사항을 적어둔 곳도 있을 거고요. 바로 양념 때문입니다. 고기를 주문할 때마다 소금구이와 양념구이 중 한 가지를 골라야 하는데요, 가게에 따라 그냥 소금이 아닌, 소금으로 간을 하고 잘게 썬 파를 올린 네기시오(ネギ塩、ねぎしお)를 파는 곳도 있습니다. 내장 등의 특수 부위라면 된장구이, 매운 양념 같은 선택지도 있을 수 있고, 반대로 부위 특성상 양

념이 한 가지인 경우도 있습니다. 대부분 메뉴판에 쓰여 있으니 다음 페이지의 표와 예시를 보고 주문해보세요.
주문과 상관없이 테이블 위에 기본적으로 놓여 있는 소스들도 있는데, 특제 소스, 레몬 소스, 고추장, 간장 등이 일반적입니다.

야키니쿠 기본 메뉴 읽기

기본 양념

양념	소금	소금+파
	しお	しお
タレ	**塩**	**ネギ塩**
타레	시오	네기시오

고기의 레벨

극상	특상	특선	상
ごくじょう	とくじょう	とくせん	じょう
極上	**特上**	**特選**	**上**
고쿠죠-	토쿠죠-	토쿠센	죠-

조리법 및 특징

두툼하게 썬	부드러운	항아리에 재운	숙성	국산
あつぎ		つぼづ	じゅくせい	こくさん
厚切り	**やわらか**	**壺漬け**	**熟成**	**国産**
아츠기리	야와라카	츠보즈케	쥬쿠세-	코쿠산

とり
鶏
닭고기

넓적다리	껍질	연골	닭목살
	かわ	なんこつ	
もも	**皮**	**軟骨**	**せせり**
모모	카와	난코츠	세세리

牛(ぎゅう)

소고기

갈비	뼈에 붙은 갈비	우설(소혀)
カルビ	**骨付(ほねつ)きカルビ**	**(牛(ぎゅう))タン**
카루비	호네츠키카루비	규-탄
등심	안창살	미스지
ロース	**ハラミ**	**ミスジ**
로-스	하라미	부채살
볼기살	염통	내장(주로 곱창류)
イチボ	**ハツ**	**ホルモン**
이치보	하츠	호르몬
양곱창	꼬리	간
ミノ	**テール**	**レバー**
미노	테-루	레바

豚(ぶた)

돼지고기

돼지뱃살(삼겹살)	항정살	목살	비엔나 소시지
豚(ぶた)バラ	**豚(とん)トロ**	**肩(かた)ロース**	**ウィンナー**
부타바라	톤토로	카타로-스	윈나-

메뉴 읽기 예시

특상 우설 소금구이

とくじょう ぎゅう　　しお
特上牛タン塩

토쿠죠-규-탄시오

두툼하게 썬 돼지고기 뱃살(삼겹살)

あつぎ　ぶた
厚切り豚バラ

아츠기리부타바라

부드러운 곱창(소금, 양념 선택)

しお
やわらかホルモン(塩、タレ)

야와라카호르몬(시오 · 타레)

해산물 · 야채 구이

가리비	오징어	새우	피망
ほたて	**イカ**	**エビ**	**ピーマン**
호타테	이카	에비	피-망
옥수수	콘버터	마늘	양배추
トウモロコシ	**コーンバター**	**にんにく**	**キャベツ**
토-모로코시	콘-바타-	닌니쿠	캬베츠

곁들임 메뉴

무 샐러드	(상추, 오이 등을 넣은) 겉절이 샐러드	상추	김치
だいこん			
大根サラダ	チョレギサラダ	サンチュ	キムチ
다이콘사라다	쵸레기사라다	상츄	키무치
나물	미역 수프	계란 수프	육개장
ナムル	わかめスープ	たまごスープ	ユッケジャンスープ
나무루	와카메스-프	타마고스-프	윳케장스-프
공기밥	비빔밥	돌솥비빔밥	냉면
		いしやき	れいめん
ごはん(ライス)	ビビンバ	石焼ビビンバ	冷麺
고항(라이스)	비빔바	이시야키비빔바	레-멘

Go

10

이자카야에 갑니다

맛집을 찾아 하루 종일 골목골목을 누비고 다니다 보니 어느새 저녁입니다. 슬슬 다리도 아파오고, 점점 갈증이 나기 시작하는 시간. 누군가는 온천에 몸을 담그고 누군가는 숙소에 돌아가 휴식을 취하겠지만… 우리는 미식 원정대! 기분과 에너지를 리셋하고, 신나는 하루의 제2막을 위해 발걸음을 서둘러야 합니다.

생크림처럼 부드러운 거품과 청량감 넘치는 목넘김으로 하루의 피로를 싹~ 날려주는 시원한 맥주. 특유의 감칠맛과 은은한 향기로 입맛을 돋우는 니혼슈와 상큼함을 그대로 짜낸 듯한 과일주까지! 자 이제, 혀끝부터 행복한 하루의 마무리를 위해 **이자카야 居酒屋**에 한잔하러 갑시다.

당신을 당황시킬지 모를 일본 이자카야의 특징

이토록 다정하게 건네는 물수건이라니?!

인원수와 흡연 여부 확인 후 자리를 안내받은 당신. 가방을 내려놓고 들뜬 마음으로 주변을 둘러보는데, 어느새 점원이 다가와 살포시 오시보리(おしぼり, 물수건)를 건넵니다. 너무나 다정한 서비스에 당황할 수도 있지만, 그럴 때는 익숙하다는 듯 두 손을 내밀어보세요. 점원이 따끈따끈한 물수건을 직접 손 위에 올려놓아줄 겁니다. 물론, 우리처럼 일회용 물수건을 쓰는 곳이나 미리 세팅해두는 가게도 있습니다.

메뉴판이 터치패널?

이자카야 체인점 중에는 일일이 점원을 부르지 않고 바로 주문할 수 있도록 터치식 기기를 쓰는 곳들이 있습니다. 혹시 따로 메뉴를 주지 않는다면 테이블 위에 기기가 놓여 있나 확인해보세요. 대부분 사진이 함께 실려 있어 이것저것 눌러보며 메뉴를 구경할 수 있습니다. 물론 츄-몬(注文, 주문) 버튼만큼은 신중하게 눌러야겠죠? 영어가 지원되는 기기도 있고, 실시간 계산서도 확인 가능해서 조금만 적응하면 꽤 편리합니다. 무엇보다, 일본어를 말할 필요 없이 버튼으로 주문과 호출이 가능하다는 말씀!

이건 안 시켰는데? 자릿세 안주

일본 술집에 들른 많은 외국인들이 가장 의아해하는 문화. 바로 오토-시(お通し, 자릿세 안주)입니다. 대부분의 일본 이자카야는 간단한 기본 안주를 제공하고 한 사람당 300~500엔 정도의 자릿세를 받습니다. 보통 메뉴판 구석에 깨알 같은 글씨로 그 가격이 적혀 있죠. 일본인에게는 당연한 문화지만 여행자들은 당황하기 쉽습니다. 시키지도 않은 안주가 나오고, 계산했던 것보다 비싼 금액을 내야 하니까요. 사실 자릿세 안주를 거부할 수 있는 가게도 있다고는 하는데요, 현지인들 모두가 받아들이고 있는 자연스러운 문화인 만큼 몇백 엔만 여유를 두고 '오토-시'의 맛까지 즐겨보는 것은 어떨까요?

주문은 마실 것부터!

일본의 술집에서는 마실 것을 먼저 주문하는 것이 기본입니다. 무엇을 먹을지 행복한 고민에 빠져 있는데, 마음의 준비를 할 새도 없이 점원이 질문을 던져올지 몰라요. 그럴 때는 점원의 말 속에 이 단어가 들리는지 잘 들어보세요.

마실 것

(오)노미모노

(お)飲み物

Q. 자주 쓰이는 패턴

お飲み物は何になさいますか。	(오)노미모노와 나니니나사이마스까	마실 것은 뭘로 하시겠습니까?
お飲み物はいかがなさいますか	(오)노미모노와 이카가나사이마스까	마실 것은 어떻게 하시겠습니까?

이자카야의 술 & 음료 메뉴 읽기

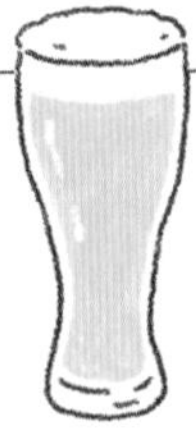

맥주

ビール

비-루

생맥주	병맥주	생맥주잔	대	중	소
なま	びん		だい	ちゅう	しょう
生ビール	**瓶ビール**	**ジョッキ**	**大**	**中**	**小**
나마비-루	빙비-루	죳키	다이	츄-	쇼-

"토리아에즈 비-루!" 일본에서 술을 즐기다 보면 이 말을 자주 쓰고 듣게 됩니다. "일단은 맥주로!"라는 뜻으로, 일본인들의 맥주 사랑을 느낄 수 있는 말이죠. 일본에 갔다면 꼭 한번 맛봐야 할 부드럽고 깊은 맛의 맥주. 국내에도 이미 많은 제품이 들어와 있지만, 현지의 생맥주 맛은 기대해볼 만합니다.

사워/츄하이

ちゅう

サワー・酎ハイ

사와-・츄-하이

직접 짜는 생과즙 なましぼ **生搾り** 나마시보리	레몬사워 **レモンサワー** 레몬사와-	유자사워 **ゆずサワー** 유즈사와-	거봉사워 きょほう **巨峰サワー** 쿄호-사와-

자몽사워 **グレープフルーツサワー** 그레-프후루-츠사와-	블루베리사워 **ブルーベリーサワー** 부루-베리-사와-

매실사워 うめ **梅サワー** 우메사와-	복숭아사워 もも **桃サワー** 모모사와-	칼피스사워 **カルピスサワー** 카루피스사와-
술+우롱차 うーろん **烏龍ハイ** 우-롱하이	술+자스민차 **ジャスミンハイ** 쟈스민하이	술+녹차 りょくちゃ **緑茶ハイ** 료큐챠하이

사워나 츄하이는 알코올에 차나 탄산, 과즙을 섞어 마시는 술이에요. 우리나라의 과일 소주와 비슷하여 비교적 도수가 낮고 마시기 쉽습니다. 생과즙 사워의 경우는 손님이 그 자리에서 신선한 과일을 짜 마실 수 있도록 과일과 스퀴저를 함께 주는 경우도 많아요. 알코올에 차를 섞는 경우는 주로 '차 이름+하이'라고 부르고 과즙과 탄산을 섞는 경우는 '과일 이름+사와-' 혹은 '과일 이름+츄-하이'라고 부릅니다. 즉, 위의 '레몬사와'는 가게에 따라 '레몬츄-하이'로 적혀 있을 수 있는 거죠.

하이볼

ハイボール

하이보-루

카쿠빈 위스키+탄산

かく
角ハイボール

카쿠하이보-루

위스키+진저에일

ジンジャーハイボール

진자-하이보-루

위스키에 탄산수 혹은 탄산음료를 섞어 마시는 술. 특히 '카쿠하이보-루'라는 메뉴를 자주 볼 수 있는데, 이는 일본의 주류 브랜드 산토리에서 나온 서민 위스키 '카쿠빈'을 베이스로 만든 하이볼을 뜻합니다. 일본 하이볼의 대명사라고 생각하면 돼요. 위스키에 진저에일을 섞는 진자-하이보-루도 인기랍니다.

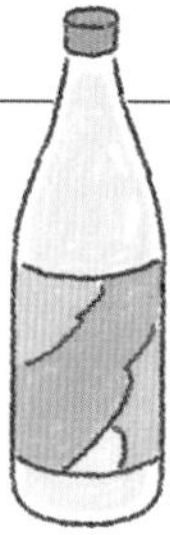

일본식 소주

しょうちゅう
焼酎

쇼-츄-

고구마소주	보리소주	쌀소주
いもじょうちゅう **芋焼酎**	むぎしょうちゅう **麦焼酎**	こめしょうちゅう **米焼酎**
이모죠-츄-	무기쇼-츄-	코메쇼-츄-
온더록스	소주+물	소주+따뜻한 물
ロック	みずわ **水割り**	ゆわ **お湯割り**
롯쿠	미즈와리	오유와리

주로 곡물을 원재료로 하는 증류주로, 발음도 우리의 '소주'와 비슷합니다. 브랜드명으로 쓰여 있는 경우가 많아 메뉴 읽기가 쉽지는 않습니다. 간혹 이름 옆에 술의 종류가 쓰여 있는 경우도 있으니 위의 단어들을 참고해보세요. 맛을 보기로 결정했다면 마시는 법을 선택해 주문하시면 됩니다.

일본식 청주

にほんしゅ
日本酒

니혼슈

쌀과 누룩만으로 만듦	쌉쌀한 맛	달콤한 맛
じゅんまい **純米**	からくち **辛口**	あまくち **甘口**
쥰마이	카라쿠치	아마쿠치

정미율 50% 이하	정미율 50~60%	정미율 60~70%
だいぎんじょう **大吟醸**	ぎんじょう **吟醸**	ほんじょうぞう **本醸造**
다이긴죠-	긴죠-	혼죠-조-

쌀로 빚은 양조주인 니혼슈. 몇천 개의 브랜드가 있고, 하나같이 복잡한 한자로 쓰여 있기 때문에 현지의 맛을 느껴보고 싶다면 미리 한국에서 마시고 싶은 술에 대해 알아볼 것을 추천합니다. 정보가 부족하다면 위에서 힌트가 될 단어를 찾아 도전해봅시다. 보통은 도정을 많이 한 쌀로 만든 술, 즉 정미율이 낮을수록 좋은 술로 평가됩니다. 한국의 이자카야에서 술을 주문할 때도 좋은 참고가 되겠죠?

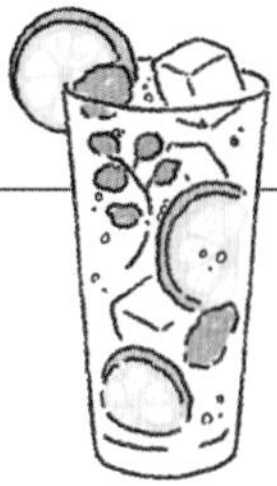

카테일

カクテル

카쿠테루

모히토	진토닉	진+진저에일(+레몬)
モヒート	**ジントニック**	**ジンバック**
모히-토	진토닛쿠	진밧쿠
스크류드라이버	모스코뮬	깔루아밀크
スクリュードライバー	**モスコミュール**	**カルアミルク**
스크류-도라이바-	모스코뮤-르	카루아미루쿠
카시스+오렌지쥬스	카시스+탄산	카시스+우롱차
カシスオレンジ	**カシスソーダ**	**カシスウーロン**
카시스오렌지	카시스소-다	카시스우-롱

칵테일의 이름은 대부분 외래어이기 때문에 가타카나만 알면 쉽게 시킬 수 있습니다. 발음이 똑같지는 않지만, 알고 있는 칵테일 이름과 가장 비슷한 것을 찾아보세요. 기본적인 종류는 우리와 비슷하지만 일본에서는 유독 '카시스' 베이스의 칵테일이 인기가 많답니다.

그 밖의 술들

레드 와인	화이트 와인	막걸리
赤ワイン (あか)	**白ワイン** (しろ)	**マッコリ**
아카와인	시로와인	맛코리
매실주	보드카	소프트 드링크
梅酒 (うめしゅ)	**ウォッカ**	**ソフトドリンク**
우메슈	웟카	소후토도링크
무알콜		
ノンアルコール		
논아루코-루		

음식점이 대개 그렇지만 술집의 안주 메뉴는 정말이지 가게마다 천지 차입니다. 다행인 점은 여행자들이 마음 편히 들어갈 만한 체인점들의 경우, 사진이 있는 메뉴를 제공하는 곳이 많다는 것이죠. 반면, 야키토리 술집 중에는 손글씨 메뉴만 있는 곳도 많기 때문에 기본 안주 몇 가지는 야키토리 편에 적어두었습니다. 만약 사진이 없다면 앞서 소개한 재료 이름과 조리법을 참고해 주문하거나 다음에 나올 야키토리 편의 대표 안주 메뉴를 살펴보세요. (p.174를 참조하세요.)

술과 음료를 무한리필한다?

애주가라면 주목! 규모가 있는 체인형 이자카야 중에는 정해진 시간 동안 술과 음료를 무한리필해주는 **노미호-다이**(飲み放題) 시스템이 있는 곳이 많습니다. 일종의 시간제 술 뷔페인 셈이죠. 보통 90분에서 3시간 사이로 시간이 정해져 있고, 시간과 술의 종류에 따라 1인당 1,000~3,000엔 정도를 받습니다. 노미호-다이를 주문하면 무한리필 가능한 메뉴를 따로 준비해주는 곳이 많으니 그중 원하는 술과 음료를 마음껏 골라보세요. 저렴하게 다양한 종류의 술을 맛볼 수 있는 빅 찬스입니다. 다만, 주량이 적거나 마시는 속도가 너무 느린 사람은 본전을 못 찾을 수 있으니 잘 따져보고 주문해주세요. 또, 시킨 술을 마시지도 않고 다른 술을 주문하는 것은 에티켓에 어긋나겠죠? 치밀한 시간 배분과 현명한 메뉴 선택으로 최고의 효과를 누려보세요.

시간제와 라스트 오더

손님이 많은 중심가의 일부 이자카야에서는 간혹 노미호-다이가 아닌데도 테이블 사용 시간이 정해져 있는 곳이 있습니다. 크리스마스나 입학식, 졸업식 등 사람이 몰리는 시즌에만 일시적으로 시간제 운영을 하는 곳도 있고요. 그럴 경우에는 자리에 안내할 때 점원이 **~지칸세-**(~時間制 ~시간제)라고 알려줍니다. 주로 **니지칸세-**(2시간제), **니지칸한세-**(2시간반제)가 많은데 대기 손님이 없으면 계속 있을 수도 있겠죠. 혹시 여유 있게 마시고 싶을 때 그런 안내를 받았다면 그대로 나오셔도 상관없습니다. 선택권을 주기 위해 주문 전에 안내를 하는 것이니까요. 그리고 시간제인 가게에 들어갔다고 해도 너무 시계를 신경 쓰실 필요는 없어요. 30분 전쯤 점원이 라스트 오더를 받으러 와서 시간 확인을 해줄 테니까요. 정중하게 나가실 시간이라고 알려줄 때까지는 아무 걱정 없이 편안히 즐기시면 됩니다.

자, 이제 술이 준비되었으면 시원하게 한잔할까요? 다같이 "**칸빠이!**"(乾杯, 건배!)

Go

11

야키토리 먹으러 갑니다

골목길을 걷다 보면 발길을 붙잡는, 숯불 향 가득한 연기와 코끝을 찌르는 고기 냄새! 그냥 지나치려야 지나칠 수 없는 유혹에, 정신을 차려보면 어느새 **야키토리 焼き鳥** 집에 앉아 있는 자신을 발견하죠. 바쁜 하루를 보내고 귀갓길 가벼운 한잔을 위해 들르는 작은 쉼터. 사람들의 기분 좋은 이야기 소리와 좁은 벽을 가득 채운 메뉴들이 인상적인 서민 음주문화의 절정, 야키토리입니다.

닭꼬치 말고도 메뉴가 한가득

야키토리집은 닭꼬치뿐만 아니라 작은 사이즈로 나오는 안주들이 가득한 그야말로 '한입 안주 천국'입니다. 혼술에 최적화된 공간이기도 하죠. 일단 야키토리집을 떠올리면 생각나는 이미지 중 하나가 벽을 가득 메운 메뉴인데요. 커다란 메뉴판에 깔끔하게 정리해놓은 일반 음식점들과 달리 메뉴를 하나하나 써 붙인 정감 있는 분위기의 가게들이 많습니다. 손글씨로 써놓은 곳도 숱하고요. 체인점을 제외하고는 그림이나 사진이 있는 곳도 많지 않고 영어 병기 역시 기대하기 어려운, 그야말로 진정한 로컬 푸드입니다.

하지만 여기에 정리해둔 기본 메뉴 이름을 참고해 주문하면 큰 문제는 없을 거예요. 혹시 정체불명의 메뉴를 감으로 시켰다가 실패했다고 해도, 그 양이나 가격이 그리 치명적이지 않을 테니 너무 겁먹지 말고 도전해보자고요. 드라마나 만화에서 보던 현지의 분위기를 담뿍 맛볼 수 있는 최적의 장소니까요.

털털하고 소박한 공간의 매력

포멀한 느낌의 전문점이나 야키토리 체인점 중에는 간혹 자릿세를 받는 곳도 있고, 꼬치 가격도 생각만큼 저렴하지 않을 수 있습니다. 하지만 동네에 있는 아늑한 느낌의 야키토리집이라면 자릿세를 받지 않는 곳도 많고 가격대 역시 큰 부담이 없을 거예요. 대신, 좁은 듯한 공간과 적당한 소음 정도는 너그럽게 받아들이는 여유가 필요합니다. 또한, 규모가 작은 일부 가게에서는 여전히 실내 흡연이 가능하기 때문에 다른 손님들의 담배 연기를 감수해야 할 수도 있어요.

야키토리 기본 메뉴 읽기

닭꼬치

닭다리살(넓적다리)	닭다리살+대파 꼬치	닭가슴살
モモ	ま **ねぎ間**	**ささみ**
모모	네기마	사사미
닭목살	닭껍질	닭엉덩이살
せせり	かわ **(とり)皮**	**ぼんじり**
세세리	(토리)카와	본지리
염통	간	닭똥집
ハツ	**レバー**	すなぎも **砂肝**
하츠	레바–	스나기모
닭연골	닭날개	다진 닭고기 완자
なんこつ **軟骨**	てばさき **手羽先**	**つくね**
난코츠	테바사키	츠쿠네

☞ 닭꼬치도 야키니쿠처럼 소금구이, 양념구이를 골라야 하는 메뉴들이 있습니다. 메뉴판에서 선택 옵션을 확인할 수 있으면 주문할 때부터 골라주시고, 잘 모르겠다면, 일단 주문한 뒤 시오/타레(しお/タレ, 소금/양념)라는 단어가 들어간 질문을 받으면 답해주세요.

※닭껍질 등 좀 더 바싹 익히고 싶은 꼬치가 있다면 메뉴 이름을 넣어 "○○, 요쿠야키데." (○○、よくやきで。○○, 바싹 구워서)라고 해보세요.

채소 꼬치

(맵지 않은) 파란 고추	은행	토마토	대파
			なが
シシトウ	**ギンナン**	**トマト**	**長ねぎ**
시시토-	긴난	토마토	나가네기
아스파라거스 베이컨말이	팽이버섯	새송이버섯	마늘
アスパラベーコン	**えのき**	**エリンギ**	**にんにく**
아스파라 베-콘	에노키	에린기	닌니쿠

그 밖의 대표 안주

풋콩	닭튀김	닭연골튀김	타코와사비
えだまめ	からあ	なんこつからあ	
枝豆	**唐揚げ**	**軟骨唐揚げ**	**たこわさ(び)**
에다마메	카라아게	난코츠카라아게	타코와사(비)
감자샐러드	감자튀김	소힘줄조림	임연수구이
		ぎゅう　にこ	や
ポテトサラダ	**ポテトフライ**	**牛すじ煮込み**	**ホッケ焼き**
포테토사라다	포테토후라이	규-스지니코미	홋케야키
차가운 토마토 안주	야채절임	일본식 된장을 곁들인 오이	시저샐러드
ひ	しんこ(う)　つけもの		
冷やしトマト	**お新香·漬物**	**もろきゅう**	**シーザーサラダ**
히야시토마토	오싱코(-) · 츠케모노	모로큐-	시-쟈-사라다

반찬을 올려 차를 부어먹는 밥	구운 주먹밥	말고기 육회	생선회 모둠
お茶漬(ちゃず)け	**焼(や)きおにぎり**	**馬刺(ばさ)し**	**刺身(さしみ)(盛(も)り合(あ)わせ)**
오챠즈케	야키오니기리	바사시	사시미 (모리아와세)
냉두부	일본식 연두부 튀김	창란젓	일본식 계란말이
冷奴(ひややっこ)	**揚(あ)げ出(だ)し豆腐(とうふ)**	**チャンジャ**	**だし巻(ま)き卵(たまご)**※
히야얏코	아게다시토-후	창쟈	다시마키타마고

※혹은 玉子焼き(타마고야키)

Go 12

오코노미야키 & 몬자야키 먹으러 갑니다

재료 듬뿍, 영양 가득! 식사로도 좋고 안주로도 훌륭한 철판 위의 소박한 종합 선물세트, **오코노미야키 お好み焼き**와 **몬자야키 もんじゃ焼き**입니다. 종종 일본식 빈대떡이라는 이름으로 소개되는 이 음식들은 반죽과 재료, 굽는 법과 소스 등의 베리에이션이 다양해 입맛에 맞춰 먹는 재미가 쏠쏠합니다.

맛도 모양도 친숙한 오코노미야키와 떠먹는 재미가 일품인 몬자야키를 맛보고 싶다면 꼬마 주걱 '코테※'를 들고 철판 앞으로 모두 모이세요!

※ 코테는 테코, 헤라, 오코시가네 등으로 불리기도 합니다.

오코노미야키 이야기

일본어로 '(오)코노미'란 좋아하는 것, 취향을 의미합니다. 여기에 '굽는다'는 뜻의 '야키'가 합쳐져 오코노미야키라는 이름이 된 것인데요. 말 그대로 각자의 기호에 맞는 다양한 재료를 철판 위에서 도톰하게 구워 먹는 지짐 요리를 뜻합니다. 무엇을 넣을지도 중요하지만 반죽과 굽는 방법에 따라서도 그 맛과 식감이 달라지죠. 직접 구워 먹을 수 있도록 주문한 재료를 볼에 담아 건네주는 곳도 있지만, 점원이 적당히 알아서 구워주는 가게도 많습니다. 숙달된 솜씨로 먹음직스러운 오코노미야키를 만드는 과정을 지켜보는 것도 소소한 재미랍니다.

오사카풍 vs 히로시마풍

오코노미야키 계의 영원한 라이벌. 바로 오사카(칸사이) 스타일과 히로시마 스타일입니다. 사실, 두 가지 스타일의 정의에 대해서도 의견이 분분하지만, 대부분 '섞느냐, 쌓느냐', '양배추를 얼마나 넣느냐', '야키소바를 넣느냐', '어떤 소스를 쓰느냐'를 기준으로 삼습니다. 반죽에 재료를 섞어 구운 뒤 그 위에 얇게 썬 돼지고기와 소스 등을 얹어 먹는 것이 오사카풍이라면, 히로시마풍은 반죽을 먼저 얇게 편 후 그 위에 재료를 켜켜이 쌓아 올리는 이미지가 있습니다. 많은 양의 양배추와 일본식 볶음국수인 야키소바를 메인 재료로, 조금 더 달달한 소스를 얹는 것 또한 히로시마풍의 특징이죠. 오사카풍은 마지막에 마요네즈와 카츠오부시를 듬뿍 얹어 먹는 곳이 많습니다.
일본에서도 선호하는 스타일에 따라 파가 나뉘는데요. 혹시 두 지역을 모두 방문할 기회가 있다면 그 맛과 스타일을 꼭 한 번 비교해보세요. 직접 가볼 기회가 없다 해도 너무 아쉬워할 필요는 없습니다. 오코노미야키는 비교적 실패 확률이 적은 메뉴인 데다가, 어느 곳에나 유명한 전문점이 있기 때문에 충분히 맛볼 수 있을 거예요. 타 지역이라면 둘 중 하나의 스타일을 전문으로 하거나, 두 가지 다 취급하되 메뉴로 구분해둔 곳이 있을 테니 간판이나 메뉴판에 大阪(おおさか, 오-사카) 혹은 関西(かんさい, 칸사이)라는 글자나 広島(ひろしま, 히로시마)라는 단어가 있는지 확인해보세요.

오코노미야키 & 몬자야키 기본 메뉴

메인 메뉴

돼지고기(달걀)가 메인	해산물(달걀)이 메인	오징어(달걀)가 메인
ぶたたま	かいせんたま	たま
豚玉	**海鮮玉**	**イカ玉**
부타타마	카이센타마	이카타마
새우(달걀)가 메인	파(달걀)가 메인	여러 재료가 들어간 모둠 메뉴
たま	たま	
エビ玉	**ネギ玉**	**ミックス**
에비타마	네기타마	믹쿠스※

※ 구체적 재료는 별도 표기하는 경우가 많습니다.

해산물 중심의 모둠 메뉴	일본식 떡과 치즈가 메인	명란젓과 치즈가 메인
かいせん		めんたい
海鮮ミックス	**モチチーズ**	**明太チーズ**
카이센믹쿠스	모치치-즈	멘타이치-즈

☞ 위의 내용은 많은 가게에서 보편적으로 볼 수 있는 메뉴를 추린 것입니다. 취향에 맞추는 요리인 만큼 명칭과 구성은 매우 다양하지만, 들어가는 재료를 메뉴판에 일일이 적어두는 곳이 많아 내용물을 확인하는 데는 문제가 없을 겁니다. 재료의 이름은 관련 페이지(p.89~p.93)를 참고하세요. 재료명이 하나하나 적혀 있지 않다면 메뉴 이름이 곧 메인 재료이고, 그 밖에는 기본 채소가 들어간다고 보면 됩니다. 관동 지방의 오코노미야키집에서는 메뉴 이름마다 天(텐)을 붙이는 경우가 많은데 이는 天かす(텐카스), 즉 튀김 부스러기가 들어간다는 뜻입니다. 사실, 玉(타마, 달걀)나 天(텐)은 굳이 이름에 써 있지 않아도 들어가는 곳이 많으니 메뉴에 이것을 강조하느냐 마느냐의 차이일 수 있습니다.

소스/기타

일본식 라면땅※	오코노미야키용 소스
ベビースター	**お好(この)みソース**
베비-스타-	오코노미소-스

※ 바삭바삭한 라면땅을 넣어 먹는 것을 즐기는 마니아층이 있어 메뉴판에 종종 등장합니다.

위에 얹어 먹는 파래	납작한 주걱 같은 도구
青(あお)のり	**コテ・ヘラ**
아오노리	코테/헤라

몬자야키 이야기

몬자야키는 오코노미야키와 달리 도쿄 부근에서 탄생한 요리입니다. 실제로 관서 지방에는 몬자야키집이 드물다고 하네요. 여러 재료를 넣고 철판에서 빈대떡처럼 구워 먹는다는 공통점이 있지만, 수분이 훨씬 많아 더 촉촉합니다. 도톰하게 굽기보다는 얇게 펴서 구운 뒤 떠먹는다는 면에서도 조금 차이가 있죠.

이름의 유래는 확실치 않지만 에도시대 말부터 아이들이 반죽으로 글씨를 써서 구워 먹으며 글도 익히고 간식으로도 즐겼던 글자 구이, '모지야키'(文字焼き)의 변형이라는 설이 가

장 유력하다고 합니다. 아직 우리나라에서는 쉽게 접할 수 없는 음식이니 가게를 발견하면 한 번쯤 새로운 맛의 세계를 경험해보세요. 노릇노릇 구워 떠먹기도 하고, 살짝 눌어붙은 부분을 긁어먹기도 하다 보면 몬자야키만의 맛과 매력을 느낄 수 있을 겁니다.
대부분 메뉴 이름에 재료명이 쓰여 있고, 오코노미야키와 비슷한 재료가 많으므로 앞의 메뉴와 재료 편을 참고해 주문하면 됩니다.

몬자야키 굽는 법

1. 재료의 건더기만 철판에 덜어 코테로 잘게 저며가며 굽는다.
2. 가운데에 넓은 공간을 만들며 큰 도넛을 만들듯 동그랗게 벽을 쌓는다.
3. 비워둔 가운데 부분에 남은 묽은 반죽을 넘치지 않도록 여러 번에 걸쳐 붓는다.
4. 수분이 어느 정도 날아가면 재료들을 평평하게 펴고 코테로 살살 눌러가며 구워 먹는다. 취향에 따라 살짝 눌어붙게 해서 긁어 먹어도 좋다.

Go

13

카페에 갑니다

나이 지긋한 마스터가 차를 내오는 오래된 찻집부터 스페셜 에디션을 맛볼 수 있는 브랜드 체인점까지. 일본의 크고 작은 **카훼 カフェ**에서 여유를 즐겨보세요.

일본 카페의 대표 커피

즐겨 마시던 커피 생각에 카페를 찾은 당신, 어쩌면 메뉴판 앞에서 멈칫하게 될지도 모릅니다. 우리에게 익숙한 커피의 대명사 '아메리카노'를 찾기가 어렵기 때문이죠. 아메리칸 커피(레귤러 커피)가 있는 경우도 있지만, 이는 이름만 비슷할 뿐 엄밀히 말해 같은 종류의 커피가 아닙니다. 실제로 일본인 중에는 아메리카노에 익숙하지 않은 사람도 많아서, 한국에서 마시는 커피는 너무 엷다고 생각하는 경우도 있다네요. 그렇다면 일본에서 가장 기본으로 통하는 커피는 무엇일까요? 바로 '블렌드 커피'입니다. 혹은 그냥 '커피'라고 적혀 있는 메뉴가 바로 우리나라의 아메리카노와 같은 이미지라고 하네요.

카페 혹은 킷사텐

일본에서는 커피와 차를 파는 곳을 '카훼'(カフェ) 혹은 '킷사텐'(喫茶店, きっさてん)이라고 하는데요, 보통 내공 있는 마스터가 손님을 맞이하는 아늑한 분위기의 로컬 찻집을 킷사텐, 시내의 모던하고 화사한 느낌의 가게를 카페라고 여기는 막연한 이미지가 있습니다. 하지만 실제로 이 둘을 구별하는 기준은 분위기가 아니라 영업허가를 받은 업종의 차이라고 합니다. 생각만큼 낭만적인 이유는 아니죠? 사실 우리는 명칭이 무엇이든 분위기 좋고 향기가 끌리는 곳에 들어가 여유를 즐기면 그만이지만, 알코올은 원칙적으로 카페에서만 취

급할 수 있다고 하니 늦은 저녁 아늑한 가게에서 맥주나 칵테일을 맛보고 싶다면 참고하세요.

카페와 킷사텐 어느 쪽이든 간단한 요깃거리나 음식을 제공하는 곳들이 있는데, 예전부터 킷사텐의 대표 메뉴 하면 **'나폴리탄'**(ナポリタン, 나포리탄)을 떠올리는 사람이 많습니다. 일본에서 탄생시킨 가정식 스파게티로, 이탈리아에서는 찾을 수 없는 독자적인 메뉴죠. 세련된 이미지의 요리는 아니지만 호불호가 크게 갈리지 않는 정감 있는 맛으로 이 음식에 특별한 애정을 가지는 일본인도 많다고 하네요. 차와 음료만 즐겨도 충분하지만, 다른 메뉴 중에 의외의 보석이 숨어 있을지도 모르니, 한 번쯤은 곁들여 먹을 수 있는 요리들에도 관심을 가져보는 것이 어떨까요?

카페의 기본 메뉴 읽기

커피

커피	블렌드 커피	아메리칸 커피
コーヒー	**ブレンドコーヒー**	**アメリカンコーヒー**
코-히-	브렌도코-히-	아메리칸코-히-
카푸치노	카페 모카	카페 라테
カプチーノ	**カフェモカ**	**カフェラテ**
카푸치-노	카훼모카	카훼라테
두유 라테	메이플 라테	캬라멜 라테
豆乳(とうにゅう)ラテ	**メープルラテ**	**キャラメルラテ**
토-뉴-라테	메-푸루라테	캬라메루라테
캬라멜 마키아토	에스프레소	비엔나 커피
キャラメルマキアート	**エスプレッソ**	**ウィンナーコーヒー**
캬라메루 마키아-토	에스프렛소	윈나-코-히-

차

홍차	다즐링	아쌈
ティー・紅茶(こうちゃ)	**ダージリン**	**アッサム**
티-/코-챠	다-지링	앗삼
얼그레이	카모마일	쟈스민
アールグレイ	**カモミール**	**ジャスミン**
아-루그레-	카모미-루	쟈스민
루이보스	볶은 잎 녹차	말차
ルイボス	**ほうじ茶(ちゃ)**	**抹茶(まっちゃ)**
루이보스	호-지챠	맛챠
레몬티	로열 밀크티	애플 티
レモンティー	**ロイヤルミルクティー**	**アップルティー**
레몬티-	로야루미루크티-	앗푸루티-

그 밖의 메뉴/용어

코코아	파르페	진저에일
ココア	**パフェー**	**ジンジャーエール**
코코아	파훼-	진쟈-에-루
레모네이드	스무디	아포가토
レモネード	**スムージー**	**アフォガート**
레모네-도	스무-지-	아훠가-토
아이스	따뜻한(핫)	시럽
アイス	**ホット**	**シロップ**
아이스	홋토	시롯푸

음료 주문하기

우리말로 편하게 주문할 때는 잘 의식하지 못하지만, 사실 카페의 카운터에서는 꽤 많은 질문이 오고 갑니다. 따뜻한 음료로 할지 차가운 음료로 할지, 어떤 사이즈로 먹을지, 테이크아웃을 할지 안 할지 등을 직원이 확인하니까요. 질문이 길어지면 대화가 복잡해지고 아무래도 더 긴장하기 쉬우니, 주문 내용을 미리 정해 한 번에 말하는 것이 편하겠죠? 물론 최대한 간단하게요!

브랜드와 가게에 따라 사이즈를 말하는 명칭이나 테이크아웃 가능 여부는 다르겠지만 가장 무난한 버전으로 준비해봅시다. 사이즈가 S, M, L로 되어 있을 때는 **에스, 에무, 에루** 이렇게 알파벳으로 읽으면 됩니다. 물론 테이크아웃을 취급하는 가게가 아니거나 별도의 사이즈가 없다면 메뉴명 뒤에 마법의 말, "오네가이시마스"만 붙이면 끝이겠죠. 한 번에 음료 주문하기, 예문을 살펴볼까요?

메뉴 선택	사이즈 선택	핫/아이스 선택	주문
카푸치노	스몰 사이즈	핫	부탁합니다.
카푸치-노	에스 사이즈	홋토	오네가이시마스
カプチーノ	エスサイズ	ホット	おねがいします。
	라지 사이즈	아이스	
	에루 사이즈	아이스	
	エルサイズ	アイス	

매장에서 마실 때	테이크아웃할 때
여기서 마실게요	테이크아웃할게요
코코데 노미마스	모치카에리데/테모치데
ここで 飲みます	もちかえりで / 手持ちで

내가 주문하고 싶은 메뉴도 미리 적어봅니다.

메뉴 사이즈 핫/아이스 매장/테이크아웃

______ ______ ______ (오네가이시마스) __________

☞ '오네가이시마스'까지 말하면 좋겠지만 긴 문장이 부담스러우면 밑줄 친 부분만 말씀해보세요.

Go

14

빵 & 디저트 먹으러 갑니다

혹시 베츠바라(別腹)라는 표현 아시나요? 힌트! 베츠(別)는 '별도의'라는 뜻이고, 바라(腹)는 '배'라는 뜻입니다. 슬슬 느낌이 오시죠? 네. 바로 근성 있는 미식가들의 좌우명과 같은 그 말! "밥배 따로, 술배 따로", "밥배 따로, 디저트배 따로"를 외칠 때 쓰는 말입니다.

갓 구워 고소한 냄새를 풍기는 빵과 달콤한 케이크가 손짓할 때. 그때가 마침 식사 전이라면 밥 못지않게 든든한 빵으로 근사한 한끼를 즐기면 되고, 식사를 마친 타이밍이라면 이 한마디와 함께 본능에 따르는 거죠. "빵(パン)과 디저트(デザート)는 베츠바라!"

일본에서 디저트 맛보기

일본에는 우리나라에도 잘 알려진 유명 베이커리와 디저트 숍들이 많죠. 다양한 핫 플레이스들이 SNS를 통해서 실시간으로 공유되고 있고요. 이런 루트를 통해 이미 원하는 정보를 얻었다면 직접 찾아가 그 맛을 확인해보시길 바랍니다.

하지만 만약 충분한 시간과 정보가 없는 분들이라면, 지나가다 보이는 가까운 백화점의 지하로 한번 가보세요. 일정 수준 이상의 인기 디저트들을 한자리에서 구경하고 맛볼 수 있는 장소입니다.

한두 입에 끝나버리는 디저트의 양이 늘 아쉬웠던 분들께는 '디저트 뷔페'를 추천합니다. '스위츠'의 성지 일본이야말로 한발 앞서 디저트 뷔페가 생겨난 곳이니까요.

화려한 삼시 세끼를 즐긴 탓에 지갑이 가벼워진 분들도 너무 낙심하지 마세요. 놀라운 가성비를 자랑하는 일본 편의점의 디저트가 의외의 만족감을 선물해줄 테니까요.

빵 & 디저트 기본 메뉴 읽기

빵

식빵
食(しょく)パン
쇼쿠팡

팥빵
あんパン
앙팡

카레 빵
カレーパン
카레-팡

멜론 빵
メロンパン
메론팡

크로켓 빵
コロッケパン
코롯케팡

야키소바 빵
焼(や)きそばパン
야키소바팡

크루아상
クロワッサン
크로왓상

바게트
バゲット
바겟토

크림빵
クリームパン
크리-므팡

튀긴 빵+파우더
あげパン
아게팡

버터 롤
バターロール
바타-로-루

초콜릿 빵
チョコパン
쵸코팡

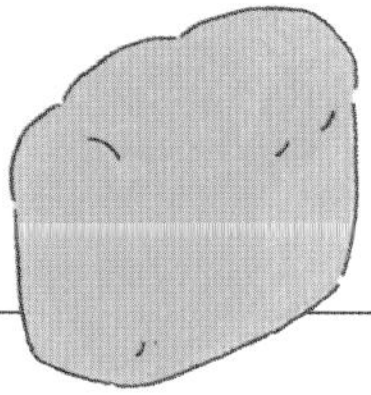

스콘	도넛	머핀
スコーン	**ドーナッツ**	**マフィン**
스콘-	도-낫츠	마휜
카스텔라	베이글	갈릭토스트
カステラ	**ベーグル**	**ガーリックトースト**
카스테라	베-그루	가-릿쿠토-스토
프렌치토스트	샌드위치	샐러드 빵
フレンチトースト	**サンドイッチ**	**サラダパン**
후렌치토-스토	산도잇치	사라다팡

케이크 & 파이

쇼트케이크	치즈 케이크	티라미수
ショートケーキ	**チーズケーキ**	**ティラミス**
쇼-토케-키	치-즈케-키	티라미스
초콜릿 케이크	시폰 케이크	롤 케이크
チョコレートケーキ	**シフォンケーキ**	**ロールケーキ**
초코레-토케-키	시혼케-키	로-루케-키

파운드 케이크	팬 케이크	밀푀유
パウンドケーキ	**パンケーキ**	**ミルフィーユ**
파운도케-키	팡케-키	미루휘-유
몽블랑	타르트	파이
モンブラン	**タルト**	**パイ**
몽브랑	타루토	파이

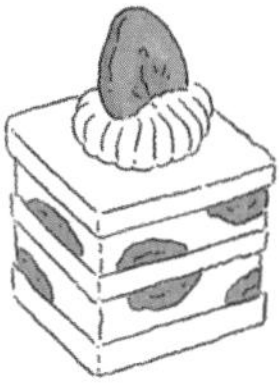

그 밖의 대표 디저트

크레이프	푸딩	마카롱	안미츠
クレープ	**プリン**	**マカロン**	**あんみつ**
크레-프	푸링	마카롱	앙미츠※

※팥과 설탕, 꿀이 들어간 일식 디저트

기억해둘 만한 표현

焼き立て(やきたて, 야키타테). 빵집 안에 이런 글자가 붙은 섹션이 있다면 제일 먼저 체크하세요! 지금 갓 구워 나온 빵이라는 뜻이니까요.

또 큰 식빵이나 바게트 등을 구입할 경우 점원이 빵을 자를지, 자른다면 몇 장 정도로 할지 물을 수도 있습니다. 키리(切り, きり)라는 표현이 들리면 자를지 묻는 것일 테니 예/아니오로 대답하면 되고(p.204 참조), 난마이(何枚, なんまい)라는 단어가 들리면 몇 장으로 자를 건지 묻는 것이니 숫자를 말하거나 손가락으로 원하는 조각 수를 보여주면 됩니다.

반대로 여러분이 직접 잘라 달라고 요청하려면 "**스미마셍, 킷테 모라에마스까?**"(すみません、切ってもらえますか。죄송한데 잘라주시겠어요?)라고 말해보세요. 커팅이 가능한 가게라면 적당히 알아서 잘라주거나, 앞에 나온 것과 같이 몇 조각으로 자를지 물어볼 거예요.

Go

15

편의점에 갑니다

음식점은 아니지만 그냥 지나칠 수는 없는 이곳. 여행에 필요한 많은 일을 처리할 수 있으며 마음만 먹으면 식사, 디저트, 야식까지 한자리에서 해결할 수 있는 편리함의 절정! **편의점 コンビニ**에 대해 살펴보지 않을 수 없겠죠?

자타공인 편의점 왕국인 일본에서는 다채로운 상품과 폭넓은 서비스는 물론이고 각 편의점이 자체 개발한 다양한 메뉴와 스낵, 카운터에서 판매하는 요깃거리까지 색다른 재미들을 맛볼 수 있습니다. 일본에 가면 누구나 한 번쯤은 들르게 되는 곳. 편의점에 대한 기본 공부, 들어가볼까요?

우리와 다른 일본 편의점의 특징

패밀리 레스토랑 '화미레스'에 이은 또 하나의 일본식 영어, '콘비니'(コンビニ)를 기억해주세요. Convenience Store라는 영어의 앞부분을 따서, 편의점을 콘비니라고 부릅니다. 우리와 같이 24시간 영업이 기본이고, 도시의 경우 아주 쉽게 찾을 수 있어요.

하나, 다양한 서비스

우리의 편의점도 택배나 복권 판매 등 여러 가지 서비스를 취급하는데요, 일본은 우편 택배는 물론 공과금 납부, 렌터카, 공연 티켓 예매 및 발권, 버스와 기차 티켓 구매, 팩스, 복사, 사진 인화, 증명서 발급에 이르기까지 놀라울 정도로 다양한 편의 서비스를 제공하고 있습니다. 여행을 다니다가 갑자기 보고 싶은 공연이 생겼거나 대중교통의 표를 사야 한다면, 혹시 주변 편의점에서 처리할 수 없는지 확인해봐도 좋을 것 같네요.

둘, 컵라면은 어디서 먹나요

반대로, 한국 편의점 어디에나 있지만 일본에서는 찾기 어려운 것도 있습니다. 바로 라면이나 도시락을 먹는 자리인데요. 일본 편의점도 다양한 도시락과 컵라면을 판매하지만, 의외로 테이블이 준비되어 있지 않은 곳이 많습니다. 간혹 뜨거운 물도 없을 수 있고, 있다고 해도 큰 급수대가 아닌 작은 포트에 담겨 있어 온도나 양이 아쉬울지 모릅니다. 드물게 먹을 수 있는 공간이 마련된 가게도 있지만 우리처럼 무조건 있는 것은 아니니, 습관대로 뚜껑을 뜯어 수프부터 털어 넣는 것은 금물! 숙소에서 떨어진 곳에서 컵라면을 샀다가 마땅히 먹을 장소를 못 찾을지도 모르니 사기 전에 꼭 한 번 체크해보세요.

셋, 화장실 좀 쓸 수 있을까요

뚜벅이 여행자들에게 희소식! 일본의 편의점에는 대부분 화장실이 있습니다. 가게 구조상 사용 불가인 경우도 있지만, 사용할 수 있는 곳이 더 많죠. 다만, 완전 개방형인 공중 화장실의 개념은 아니기 때문에 점원에게 따로 양해를 구하는 것이 매너입니다. 아무것도 사지 않고 화장실만 쓰는 것은 서로 불편할 수 있으니 저렴한 음료수라도 하나 산 다음 카운터의 직원에게 이렇게 물어보세요. **"스미마셍, 토이레 카리테모 이이데스까"**(すみません､トイレ借りてもいいですか｡죄송합니다, 화장실 좀 쓸 수 있을까요?)

삼각김밥 메뉴 읽기

편의점의 상품 종류와 메뉴의 개수는 셀 수 없이 많지만, 일본어를 몰라도 상관없는 경우가 대부분입니다. 상품의 패키지와 가격을 보고 고른 다음 계산대에 가져가기만 하면 되니까요. 하지만 글씨를 읽지 못하면 답답한 의외의 상품이 있으니, 바로 삼각김밥입니다. 편의점 하면 생각나는 대표 메뉴지만 까만 김으로 싸여 있어 내용물을 알 수가 없죠. 가리는 음식이라도 있으면 그야말로 복불복이 되어버립니다. 저렴한 가격으로 급한 허기를 채울 수 있는 삼각김밥의 대표 종류. 한번 확인해보는 것이 좋겠죠?

참치 마요네즈 ツナマヨネーズ·シーチキンマヨネーズ 츠나마요네-즈 · 씨-치킨마요네-즈	연어 さけ·しゃけ 鮭 사케	양념 다시마 こんぶ 昆布 콘부
매실장아찌 うめぼし 梅干 우메보시	명란 めんたいこ 明太子 멘타이코	구운 명란 や 焼きたらこ 야키타라코
낫토 なっとう 納豆 낫토-	가다랑어포 おかか 오카카	연어알 イクラ 이쿠라
갓 종류의 채소절임 たかな 高菜 타카나	새우튀김 てん 天むす 텐무스	닭고기와 각종 야채 とりごもく 鶏五目 토리고모쿠

편의점에서 들을 수 있는 질문

계산만 하고 끝날 확률도 높지만 혹시 질문이 날아오더라도 당황할 것 없습니다. 대부분 짧고 간단한 질문일 테니 예/아니오로 대답하면 됩니다. '네'는 "하이", '아니오'는 "이이에" 입니다.

1. 포인트 적립하시겠어요?

포인토라는 단어가 들리면 **이이에**라고 대답하세요.

대부분의 여행객은 포인트 카드가 없기 때문인데, 만약 해당 카드가 있다면 적립을 부탁하세요.

2. 봉투 필요하세요?

후쿠로라는 단어가 들리면 **하이** / **이이에** 중 선택해 대답하세요.

도시락(컵라면)을 샀을 경우

3. 젓가락은 필요하세요? 몇 개 드릴까요?

(오)하시라는 단어가 들리면 젓가락 필요 여부, 개수를 말해주세요.

필요할 때는 **하이, 오네가이시마스**

2개 필요할 때는 **후타츠, 오네가이시마스**

필요 없을 때는 **이이에**라고 대답하세요.

도시락이나 라면을 여러 개 사서 젓가락이 3개 이상 필요하면 손가락으로 개수를 표시하면 되겠죠?

4. 데워드릴까요?

아타타메라는 단어가 들리면 하이 / 이이에 중 선택해 대답하세요.

일본에서는 전자레인지를 바깥에 두지 않고 카운터 안에서 데워주는 경우가 많습니다. 아타타메루(あたためる)는 '데우다, 따뜻하게 하다'라는 동사입니다. 점원에 따라 다양한 표현을 쓸 수 있지만 '아타타메'라는 발음만 캐치하시면 돼요.

구석구석의 맛집을 신나게 돌아다니고
술 한잔에 디저트까지 야무지게 챙겨 먹고 나니
어느덧 여행을 마무리할 시간입니다.

어떠셨나요, 미식 원정대 여러분.
음식 일본어 풀코스 맛있게 즐기셨나요?

『미식가를 위한 일본어 안내서』는
언제든 여러분의 배 속과 머릿속을 기분 좋게 채울 수 있도록
따뜻한 음식 이야기와 소박한 일본어를
한 상 가득 차려두고 있겠습니다.

감사합니다.

또 오세요!

Editor's letter

일본 음식을 좋아하고, 여행을 사랑하는 분, 여행의 갈증을 음식 여행으로 풀고 있는 분,
평소 일본어 공부에 관심을 갖고 있던 분께 이 책을 권해드리고 싶습니다.
소장가치 100이라고 자부합니다. **민**

낯선 도시에서 낯선 음식을 마주했을 때의 그 감각. 이제는 그 감각조차 낯선 시절이지만, 곧 올 거예요.
그때까지 잘 연습해서 꼭 직접 주문해볼래요. **희**

일드 〈고독한 미식가〉를 정말 좋아합니다. 이 책을 읽는 동안은 저도 고로상 못지않은 미식가가 된
기분이었어요. '소바', '우동'… 왠지 일식은 말하는 것만으로도 그 맛과 모습이 절로 그려지지 않나요. **현**

언젠가 현지에서 "이랏샤이마세!"를 들을 날이 올 때까지 당분간은 침대 위에서 기분 낼 수 있는 일부터
함께해요. "우동 오네가이시마스." 뒹굴뒹굴~ **령**

미식가를 위한
일본어 안내서

1판 1쇄 발행일 2021년 2월 9일
1판 6쇄 발행일 2024년 6월 3일

지은이 황국영
그린이 서평화
발행인 김학원
발행처 (주)휴머니스트출판그룹
출판등록 제313-2007-000007호(2007년 1월 5일)
주소 (03991) 서울시 마포구 동교로23길 76(연남동)
전화 02-335-4422 **팩스** 02-334-3427
저자·독자 서비스 humanist@humanistbooks.com
홈페이지 www.humanistbooks.com
시리즈 홈페이지 blog.naver.com/jabang2017
디자인 스튜디오 고민 **용지** 화인페이퍼 **인쇄** 삼조인쇄 **제본** 해피문화사

자기만의 방은 (주)휴머니스트출판그룹의 지식실용 브랜드입니다.

ISBN 979-11-6080-545-1 (13730)